D1522168

24

poetas latinoamericanos

24

poetas latinoamericanos

Borges • Girondo • Cabral • Drummond • Mutis • Azofeifa

Guillén • Lezama Lima • Huidobro • Neruda • Parra

Cardoza y Aragón • Pellicer • Paz • Sabines • Pasos

Cardenal • Vallejo • Sologuren • Palés Matos

Mir • Benedetti • Gerbasi • Montejo

Selección y prólogo:

Francisco Serrano

Coedición *Latinoamericana*

24 poetas latinoamericanos

Antología de poesía para nuevos lectores
coordinada por el CERLALC
Editor responsable: CIDCLI, México
Dirección: Patricia van Rhijn
Edición: Rocío Miranda
Diseño gráfico: Rogelio Rangel

© 1997 De esta antología:

Aique Grupo Editor S. A; Argentina

Editora Ática S. A.; Brasil

Grupo Editorial Norma S. A.; Colombia

Ediciones Farben, Grupo Editorial Norma; Costa Rica

Ekaré Sur; Chile

Editorial Piedra Santa; Guatemala

CIDCLI; México

Promoción Editorial Inca S. A. - PEISA; Perú

Ediciones Huracán; Puerto Rico

Editora Taller; República Dominicana

Ediciones Ekaré; Venezuela

Primera edición, México, 1997
ISBN: 968-494-079-3
Impreso en México / Printed in Mexico

RIQUEZA DE LA LENGUA

Vasta y diversa como su geografía, igualmente rica, intensa y compleja que su historia, la poesía de Latinoamérica representa uno de los momentos más altos de la literatura contemporánea. La sorprendente variedad de voces que integran el conjunto de la poesía iberoamericana, en sus dos vertientes principales: creaciones en lenguas española y portuguesa, da cuenta no sólo de la vitalidad del espíritu en nuestro continente sino del alcance, de la amplitud del registro que el lenguaje, desde los inicios del siglo XX, consignó entre nosotros. Esta antología reúne algunas de las obras más significativas de 24 poetas fundamentales. Agrupa nombres que tal vez no habían aparecido antes publicados juntos. Su concurrencia describe una región, una zona específica de nuestro continente lingüístico. Y aunque pertenecen a distintas épocas, regiones y estilos, los une su amor a la poesía y la relevante calidad de su obra. Cada uno representa una mirada y una dicción particulares. Todos son excelentes poetas.

El comienzo de la tradición de la gran poesía latinoamericana data de finales del siglo pasado y principios de éste. Nace, en castellano, con el nicaragüense Rubén Darío (1867-1916), poeta de una imaginación y un oído extraordinarios. Darío es el Libertador, el padre de la patria poética hispanomericana. Junto con él, los cubanos José Martí (1853-1895) y Julián del Casal (1863-1893), el argentino Leopoldo Lugones (1871-1938), el uruguayo Julio Herrera y Reissig (1875-1910), los mexicanos Salvador Díaz Mirón (1853-1928) y Manuel Gutiérrez Nájera (1859-1895), y el colombiano José Asunción Silva (1865-1896), por citar sólo a los principales, son considerados los renovadores de la literatura en nuestro idioma. A estos poetas fundadores se les conoce con el nombre de modernistas.

El caso de la otra gran tradición lingüística iberoamericana, la de Brasil, es diferente. La llamada Semana de Arte Moderno, que se llevó a cabo en São Paulo en 1922, y en la que participaron poetas, pintores y músicos, marca el inicio del modernismo brasileño. El movimiento modificó profundamente el arte y la literatura de ese país. Oswald de Andrade (1890-1954), uno de sus principales animadores, definió la tentativa modernista como "el devoramiento antropofágico de la nueva cultura occidental". En realidad lo que se llama modernismo brasileño nada tiene que ver con el modernismo en español y se equipara más bien con los movimientos estéticos de vanguardia en Latinoamérica.

El gran iniciador de la vanguardia en los países de lengua española es el chileno Vicente Huidobro (1893-1948). Con él comienza, cronológicamente, esta antología. Huidobro es el primer poeta de la modernidad latinoamericana (en el sentido que le damos ahora a esta palabra, es decir, como sinónimo del "grado de desarrollo"). Contemporáneo no sólo física sino espiritualmente de artistas que transformaron nuestro siglo, como el español Pablo Picasso, el ruso Igor Stravinsky y los futuristas italianos y rusos, Huidobro desarrolló la herencia de Darío y de los modernistas, y le dio a la lengua una velocidad y una transparencia que no conocía. Acróbata del lenguaje, sus poemas dan a veces la impresión de ser artefactos concebidos para desafiar a la gravedad, mecanismos hechos para volar y lanzar destellantes mensajes desde el aire. En todo caso, la poesía de Huidobro contiene páginas de una inventiva y una diafanidad insuperables.

Moderno en el otro sentido, el de ser agudamente consciente de los males propios y los del siglo, tenso, doloroso, desgarrado, el peruano César Vallejo (1892-1938) ha dejado una obra de una potencia expresiva tal que altera profundamente la dimensión comunicativa del lenguaje, dotándolo de una intensidad raramente alcanzada. Leer los poemas de Vallejo, escritos en los años veinte y treinta del siglo XX, es enfrentarnos a una experiencia límite. Todo lo verdaderamente humano está allí: el amor, la ternura, la pesadumbre, la desesperación, la esperanza.

Entretanto en Argentina los discípulos de Leopoldo Lugones asumían la vanguardia. El erudito, obsesivo y nostálgico Jorge Luis

Borges (1899-1986) y el ágil y gracioso Oliverio Girondo (1891-1967), influidos por el cine, le infundían otros ritmos a la lengua. Borges fue un extraordinario geómetra, un frecuentador privilegiado de bibliotecas, laberintos, ficciones, espejos. La perfección formal de su poesía hace olvidar muchas veces la vivacidad del humanismo que la anima. Nunca antes de Borges se había dado en nuestra literatura esa conjunción deslumbrante, hecha de inteligencia, sensibilidad, fervor, ironía y saber. Oliverio Girondo, por su parte, fue un iconoclasta. Con él, la extravagancia y el humor negro toman carta de naturalización en nuestra poesía. Sus poemas son bastante más que meros juegos de palabras e imágenes o absurdos juegos de ideas. Girondo, irreverente, arbitrario, inductor de la insurrección y del cambio, ríe, y ríe con ganas, pero su risa no es una burla, sino una celebración que nos dice que el mundo es grande y bueno y hermoso y que, pese a todo, es digno de vivirse, de disfrutarse y de cantarse.

El movimiento modernista en Brasil produjo muchos y admirables poetas. A los modernistas siguieron los postmodernistas, entre los que destaca Carlos Drummond de Andrade (1902-1987). Drummond es uno de los poetas mayores del portugués. Irónico y sensible, profundamente original, dotado de un agudo sentido del humor, Drummond expresó en sus poemas la convicción de que nada en la existencia es seguro y que lo verdaderamente fundamental estriba en la humildad de los asuntos sencillos. El poeta enfrenta la difícil realidad cotidiana con optimismo y amor al mismo tiempo que somete su oficio a una reflexión constante. La forma y la materia de la poesía son esenciales en su obra.

El puertorriqueño Luis Palés Matos (1898-1959) y el cubano Nicolás Guillén (1902-1989) son justamente célebres por haber introducido, hacia los años veinte del siglo que ahora termina, las cadencias, el imaginario y la "respiración" de la cultura africana negra de las Antillas en la poesía de nuestra lengua. Dotado de un innato sentido de lo popular, Guillén se propuso hacer la revolución haciendo poesía. Palés Matos, por su parte, plasmó en versos llenos de sentido rítmico y colorido plástico la voz y el espíritu mestizos y afrocaribeños del idioma. Conjuros, danzas, cantos, tambores de la santería y otros sones rituales resuenan en los versos de ambos con un sabor que antes no existía en español.

Con el chileno Pablo Neruda (1904-1973) la poesía latinoamericana alcanzó un esplendor telúrico. Neruda es nuestro gran poeta épico. Desde muy joven cantó en versos imborrables la gesta del amor, las batallas de la justicia, la epopeya de las cosas cotidianas. Neruda supo, como pocos, nutrir a la poesía con la historia de su gente y su tiempo. Su influencia ha sido enorme. Con todos sus excesos verbales, Neruda es un inmenso poeta de la pasión, de la energía y de la confraternidad humanas.

"Todo lo que yo toque se llenará de sol", escribió el mexicano Carlos Pellicer (1899-1977). Original y festivo, fue miembro del grupo llamado los "Contemporáneos", del que formaron parte otros grandes poetas como Xavier Villaurrutia (1903-1950) y José Gorostiza (1901-1973), y que hacia los años treinta se propuso abrir la cultura mexicana a la cultura universal y hacer del español una lengua donde cupieran todos los vocablos. Pellicer es el poeta del entusiasmo y de la dicha, del fulgor de los sentidos y al mismo tiempo del fervor religioso. Su poesía, luminosa y aérea, es una gozosa afirmación de la vida.

El guatemalteco Luis Cardoza y Aragón (1904-1992) se sitúa en la primera fila del vanguardismo. Cardoza en su juventud abrazó el surrealismo; fue amigo de André Breton y de Antonin Artaud en París y de los "Contemporáneos" en México. Poeta lleno de vitalidad, sus distintas etapas creadoras están consagradas a la búsqueda de la "revolución absoluta", y revelan una obra que es una lúcida y apasionada exploración de la vida, la pintura, la música, "las supersticiones, la embriaguez, los sueños, los éxtasis..."

Y mientras Cardoza daba voz a estas sonoridades, el costarricense Isaac Felipe Azofeifa (1909-1997) recreaba, con depurada maestría, emociones e instantes entrañables. Poesía intimista: estados de ánimo, atmósferas, situaciones y espacios aparecen en los versos de Azofeifa melódicamente transfigurados por la nostalgia.

Uno de los momentos más sutiles y arduos de la poesía en español es la obra del cubano José Lezama Lima (1910-1976). "Sólo lo difícil es estimulante", le gustaba decir a Lezama, y se dedicó a escribir una obra extremadamente densa, hecha de relaciones refinadísimas en que las asociaciones entre las imágenes y las palabras que las designan adquieren sentidos inesperados, inéditos. Lezama Lima fue un alto cabalista del lenguaje. Su obra, compleja, polifónica, erudita, constituye un reto para cualquier lector.

El venezolano Vicente Gerbasi (1913-1992) es un hondo poeta sensitivo. Atraído por la filosofía, musical e impresionable, este poeta de tono melancólico moduló una obra de serena belleza, en que la contemplación y la celebración de la naturaleza, desbordada en el trópico, ocupan un lugar relevante.

La energía, la combatividad y el tamaño de la esperanza del dominicano Pedro Mir (1913) cristalizaron en una poética de patentes raíces populares. Mir, que es un poeta político, con declarada vocación para recrear episodios históricos, expresa en sus versos su compromiso con los sentimientos y los anhelos sociales de su pueblo.

El nicaragüense José Joaquín Pasos (1914-1947), muerto prematuramente, es sin duda uno de los grandes escritores centroamericanos. Perteneciente al movimiento vanguardista de Nicaragua, este joven compuso poemas de una vitalidad, una dulzura y una belleza memorables. Su *Canto de guerra de las cosas* es un punto culminante de la poesía en nuestro idioma.

La obra del poeta mexicano Octavio Paz (1914) brilla con una claridad y una penetración hijas de la más atenta lucidez. Los poemas de Paz son como las llamas de una hoguera vuelta el perfil de un afilado pensamiento: escribir en "un lenguaje que corte el resuello, un lenguaje de aceros exactos", como dice en un poema. Poeta de la vivacidad, del instante privilegiado, discípulo del surrealismo, cosmopolita, enormemente actual, Paz es autor de una obra poética rica en invenciones y propuestas, de alcances universales.

"Contra la poesía de las nubes oponemos la poesía de tierra firme", escribió el chileno Nicanor Parra (1914). Poeta de lo inmediato, de lo espontáneo y lo cotidiano, irreverente, lúdico, sarcástico, Parra, auto-definido como "antipoeta", ha procurado siempre, a través de una poesía coloquial y directa de marcado tinte popular, la crítica y el com-promiso sociales.

En Brasil, luego de los postmodernistas surgieron los neomodernistas, uno de cuyos mayores exponentes es João Cabral de Melo Neto (1920). Los poemas de Cabral, sustantivos y tensos, están "construidos" con ver-sos filosos como cuchillos, cortantes como un conglomerado de púas resplandeciendo con la transparencia del cuarzo o de la sal al sol. Leer a Cabral, analítico y riguroso, gran conocedor de la poesía clásica en español, nos pone en contacto con imágenes y sensaciones nacidas de la pureza de una visión que de tan lúcida resulta casi insoportable.

Hacia la mitad del siglo el uruguayo Mario Benedetti (1920) co-menzó la publicación de una obra poética que no ha cesado de crecer y transformarse. Infatigable luchador político, ampliamente conocido como escritor de cuentos y novelas, Benedetti es autor de una poesía redactada en un tono inmediatista y directo, vehículo de la cotidianei-dad de los afanes humanos, que tratados con humor e ironía, constituyen la materia prima. Varios de sus poemas, no siempre los mejores, han sido transformados en canciones.

El peruano Javier Sologuren (1921) es un elegante poeta nostálgico. Dueño de una temperada maestría, Sologuren ha rememorado, en ver-sos sutiles y precisos, la contemplación de la belleza y la certidumbre de que el deterioro, el olvido y la muerte, al final, carecen de poder frente a la palabra poética.

La poesía del colombiano Álvaro Mutis (1923) es un rico, denso, proliferante catálogo de lugares, oficios, travesías, encuentros, celebra-ciones, memoriales, batallas; un universo ceremonial en que la exaltación del deseo y la violencia de las pasiones humanas configuran la sustancia de un sostenido esplendor verbal.

El nicaragüense Ernesto Cardenal (1925), por su parte, ha procurado el "exteriorismo", es decir, la presencia de lo real en sus versos. "Me interesa la literatura al servicio de algo más grande que ella", ha dicho. Poeta preocupado por la dimensión social, Cardenal se ha propuesto narrar, a través de una poesía cargada de tiempo y de vida, la historia material y espiritual de Latinoamérica.

El mexicano Jaime Sabines (1926) es el cantor de la materia sensitiva y sensual del hombre. Un oído muy fino y una capacidad inigualable de decir las cosas más personales y en apariencia simples, con una potencia que revela la verdadera profundidad de nuestras sensaciones, le han permitido a Sabines escribir algunos de los más hermosos e intensos poemas del idioma.

Poeta de la melancolía, del asombro ante la fugacidad de las cosas y de la fe en el recuerdo que las salva y preserva, el venezolano Eugenio Montejo (1938) ha evocado en versos esenciales, escritos con una rigurosa claridad, ciertos sitios y atmósferas, ciertos signos y actos, antiguos o recientes, donde sitúa sus raíces, o, como él mismo dice, "su estar aquí en la tierra". Con él se cierra esta selección de 24 poetas latinoamericanos.

Toda antología es doblemente arbitraria: implica una selección de autores e implica asimismo una selección de los textos de esos autores. En el caso de ésta, los poetas elegidos abarcan un periodo que va del inicio del vanguardismo, en los años veinte, incluye ejemplos de los grandes maestros de la mitad del siglo: Borges, Neruda, Drummond de Andrade, Lezama Lima, Paz, para concluir con autores que continúan escribiendo en estos años finales del milenio. Y hay que añadir que no sólo es una antología arbitraria, sino incompleta. Para dar una imagen justa de la vitalidad y riqueza de la poesía iberoamericana contemporánea se necesitaría por lo menos de un segundo volumen que reuniera a otros muchos poetas importantes. Faltan aquí, por razones de espacio, autores tan notables como los brasileños Cecília Meireles o Murilo Mendes, el ecuatoriano César Dávila Andrade, el boliviano Jaime Sáenz , el cubano Eliseo Diego, los argentinos Enrique Molina y Roberto Juarroz, el chileno Gonzalo Rojas, la peruana Blanca Varela, el venezolano Ramón Palomares, los mexicanos Rubén Bonifaz Nuño y

Gabriel Zaid... La lista es larga. El único consuelo que le queda al autor de estas líneas es nombrarlos, para que los buenos lectores se animen a buscar sus obras y los lean, ampliando así su conocimiento de una de las aventuras más imaginativas y musicales del arte verbal contemporáneo.

Una buena antología es útil ciertamente porque orienta al lector. Es un punto de partida para que los que se interesan en la literatura adquieran ciertos puntos de referencia indispensables. Y nos ayuda a ahorrar tiempo, que puede aprovecharse para continuar con la lectura de buena poesía. Es importante que se conozca la buena poesía. Mientras más la conozcamos todos, será mejor. La presente antología abunda en ella. Cada uno de los poemas que incluye explora un territorio distinto de la experiencia humana y representa una contribución al arte de la expresión verbal. Se eligieron, además, buscando proporcionar una aproximación cronológica al trabajo de los poetas, de modo que presenta ejemplos de las distintas y sucesivas etapas creadoras de cada uno. Se trata de observar, así sea sintéticamente, su evolución, el trazo de su trayectoria. ¿Cómo se desarrolló el arte de cada uno? ¿Qué cambios temáticos y estilísticos marcaron su obra? ¿Es sensible la diferencia entre los poemas de juventud y los de madurez o, en su caso, los de la vejez?

¿Por qué es importante la poesía? ¿Qué nos dice? ¿De qué trata? Se puede definir a la poesía como "el arte de cargar de significado a las palabras". Los buenos poemas son obras en que el lenguaje se emplea de una manera distinta de la que utilizamos usualmente, obras en que la tensión, la belleza, la intensidad de las palabras estimulan en nosotros la percepción de aspectos de la realidad de los que no éramos plenamente conscientes. La poesía, sin embargo, es inexplicable. Es un hecho verbal que involucra a un tiempo la sensibilidad, la emoción y la inteligencia del que la recibe. Un acto de comunicación entre el autor y el lector, un diálogo íntimo, personal, irremplazable, único. A un poema lo sentimos, como sentimos la música o un paisaje. La crítica ayuda a entender las circunstancias en que un autor compuso determinado poema, cuál fue su intención al hacerlo, en qué corriente estilística se sitúa, etcétera, pero la emoción, la electricidad que surge cuando leemos u oímos un poema no pueden explicarse. Están ahí, simplemente: ocurren, nos ocurren.

Se escriben poemas de amor, poemas épicos, reflexivos, líricos, satíricos, eróticos, invocatorios, de asunto social. La poesía posee un contenido, ya sea intelectual o emotivo, y está hecha de impulsos. En la medida en que un autor, un poeta, expresa exactamente la emoción o el "matiz" que quiere comunicar, logra ese "estímulo del impulso" que constituye lo esencial de la experiencia estética. Como alguien dijo, en poesía lo que importa es la relación entre la belleza y la certeza. La fuerza de un poema está indisolublemente unida a su verdad. Hay por ello poemas que nos conmueven vitalmente, cuya lectura nos vuelve mejores, porque su ritmo, sus imágenes agitan algo en nosotros comunicándonos una emotividad o un pensamiento específicos, y que a partir de ese momento forman parte de nuestra comprensión del mundo y de nosotros mismos. Es válido decir, pues, resumiendo, que la materia de la poesía es la condición humana, la conciencia de la condición humana. La poesía comunica "el ser" de las cosas. Al comunicarlo, nos permite comprenderlas. Todas las posibilidades humanas son su materia: el amor, el sueño, la ira, el miedo, la tristeza, el entusiasmo, la libertad. Y ya es bastante que la función de la poesía sea enseñarnos a los hombres a comprendernos y a vivir mejor.

¿Quién no ha escrito alguna vez un poema? ¿Quién, movido por la emoción, no ha deseado expresar con la mayor intensidad el sentido de su experiencia? ¿Qué hace que unas cuantas frases llevadas por una cadencia musical sean capaces de transmitirnos lo esencial de la condición humana? Este libro conjunta algo de la mejor poesía escrita por dos docenas de magníficos poetas latinoamericanos a lo largo del siglo XX. Representa un compendio de muy buena poesía, y como tal aspira a ser leído. El compilador cree que su lectura contribuirá a enriquecer, con provecho, la sensibilidad y la imaginación de quienes se acerquen al contenido de sus páginas.

Ciudad de México, octubre de 1997

Oliverio Girondo
1891-1967

Nació en Buenos Aires, Argentina, en 1891. Fue el menor de cinco hijos de una familia cuyos recursos le permitieron viajar desde muy pequeño a Europa y sentirse atraído desde entonces tanto por los viajes como por la poesía. Cursó estudios en Francia e Inglaterra y siguió la carrera de abogado a cambio de que sus padres lo enviaran cada año al viejo continente. A los veintiún años publicó su primer libro de poesía y no dejó de escribir, sino hasta su muerte, una poesía que mantuvo siempre fresca la vitalidad de sus primeros libros.

Su presencia y actividad literaria fueron fundamentales en todos los movimientos y publicaciones de la literatura argentina de vanguardia. Murió en 1967.

Obra poética:

Veinte poemas para ser leídos en el tranvía (1922)

Calcomanías (1925)

Espantapájaros. Al alcance de todos (1932)

Interlunio (1937)

Persuasión de los días (1942)

Campo nuestro (1946)

En la masmédula (1954, 1956, 1963)

Obras completas (1968)

Nocturno

Frescor de los vidrios al apoyar la frente en la ventana. Luces trasnochadas que al apagarse nos dejan todavía más solos. Telaraña que los alambres tejen sobre las azoteas. Trote hueco de los jamelgos que pasan y nos emocionan sin razón.

¿A qué nos hace recordar el aullido de los gatos en celo, y cuál será la intención de los papeles que se arrastran en los patios vacíos?

Hora en que los muebles viejos aprovechan para sacarse las mentiras, y en que las cañerías tienen gritos estrangulados, como si se asfixiaran dentro de las paredes.

A veces se piensa, al dar vuelta la llave de la electricidad, en el espanto que sentirán las sombras, y quisiéramos avisarles para que tuvieran tiempo de acurrucarse en los rincones. Y a veces las cruces de los postes telefónicos, sobre las azoteas, tienen algo de siniestro y uno quisiera rozarse a las paredes, como un gato o como un ladrón.

Noches en las que desearíamos que nos pasaran la mano por el lomo, y en las que súbitamente se comprende que no hay ternura comparable a la de acariciar algo que duerme.

¡Silencio! –grillo afónico que se nos mete en el oído– ¡Cantar de las canillas mal cerradas! –único grillo que le conviene a la ciudad–.

Espantapájaros

Yo   no   sé   nada
Tú   no   sabes   nada
Ud.   no   sabe   nada
Él   no   sabe   nada
Ellos   no   saben   nada
Ellas   no   saben   nada
Uds.   no   saben   nada
Nosotros no sabemos nada.
La desorientación de mi generación tiene su expli-
cación en la dirección de nuestra educación, cuya
idealización de la acción, era —¡sin discusión!—
una mistificación, en contradicción
con nuestra propensión a la meditación, a la contemplación y
a la masturbación. (Gutural,
lo más guturalmente que
se pueda.) Creo que
creo en lo que creo
que no creo. Y creo
que no creo en lo
que creo que creo.

"Cantar de las ranas"

¡Y	¡Y	¿A	¿A	¡Y	¡Y
su	ba	llí	llá	su	ba
bo	jo	es	es	bo	jo
las	las	tá?	tá?	las	las
es	es	¡A	¡A	es	es
ca	ca	quí	cá	ca	ca
le	le	no	no	le	le
ras	ras	es	es	ras	ras
arri	aba	tá	tá	arri	aba
ba!...	jo!...	!...	!...	ba!...	jo!...

12

Se miran, se presienten, se desean,
se acarician, se besan, se desnudan,
se respiran, se acuestan, se olfatean,
se penetran, se chupan, se demudan,
se adormecen, despiertan, se iluminan,
se codician, se palpan, se fascinan,
se mastican, se gustan, se babean,
se confunden, se acoplan, se disgregan,
se aletargan, fallecen, se reintegran,
se distienden, se enarcan, se menean,
se retuercen, se estiran, se caldean,
se estrangulan, se aprietan, se estremecen,
se tantean, se juntan, desfallecen,
se repelen, se enervan, se apetecen,
se acometen, se enlazan, se entrechocan,
se agazapan, se apresan, se dislocan,
se perforan, se incrustan, se acribillan,
se remachan, se injertan, se atornillan,
se desmayan, reviven, resplandecen,
se contemplan, se inflaman, se enloquecen,
se derriten, se sueldan, se calcinan,
se desgarran, se muerden, se asesinan,
resucitan, se buscan, se refriegan,
se rehúyen, se evaden y se entregan.

18

Llorar a lágrima viva. Llorar a chorros. Llorar la digestión. Llorar el sueño. Llorar ante las puertas y los puertos. Llorar de amabilidad y de amarillo.

Abrir las canillas, las compuertas del llanto. Empaparnos el alma, la camiseta. Inundar las veredas y los paseos, y salvarnos, a nado, de nuestro llanto.

Asistir a los cursos de antropología, llorando. Festejar los cumpleaños familiares, llorando. Atravesar el África, llorando.

Llorar como un cacuy, como un cocodrilo... si es verdad que los cacuíes y los cocodrilos no dejan nunca de llorar.

Llorarlo todo, pero llorarlo bien. Llorarlo con la nariz, con las rodillas. Llorarlo por el ombligo, por la boca.

Llorar de amor, de hastío, de alegría. Llorar de frac, de flato, de flacura. Llorar improvisando, de memoria. ¡Llorar todo el insomnio y todo el día!

Rebelión de vocablos

De pronto, sin motivo:
graznido, palaciego,
cejijunto, microbio,
padrenuestro, dicterio;
seguidos de: incoloro,
bisiesto, tegumento,
ecuestre, Marco Polo,
patizambo, complejo;
en pos de: somormujo,
padrillo, reincidente,
herbívoro, profuso,
ambidiestro, relieve;
rodeados de: Afrodita,
núbil, huevo, ocarina,
incruento, rechupete,
diametral, pelo, fuente;
en medio de: pañales,
Flavio Lacio, penates,
toronjil, nigromante,
semibreve, sevicia;
entre: cuervo, cornisa,
imberbe, garabato,
parásito, almenado,
tarambana, equilátero;
en torno de: nefando,
hierofante, guayabo,
esperpento, cofrade,
espiral, mendicante;
mientras llegan: incólume,
falaz, ritmo, pegote,
cliptodonte, resabio,
fuego fatuo, archivado;
y se acercan: macabra,
cornamusa, heresiarca,
sabandija, señuelo,
artilugio, epiceno;
en el mismo momento
que castálico, envase,
llama sexo, estertóreo,
zodiacal, disparate;
junto a sierpe... ¡no quiero!
Me resisto. Me niego.
Los que sigan viniendo
han de quedarse adentro.

Campo nuestro

fragmentos

. . . .

Fuiste viva presencia o fiel memoria
desde mi más remota prehistoria.

Mucho antes de intimar con los palotes
mi amistad te abrazaba en cada poste.

Chapaleando en el cielo de tus charcos
me rocé con tus ranas y tus astros.

Junto con tu recuerdo se aproxima
el relente a distancia y pasto herido
con que impregnas las botas... la fatiga.

Galopar. Galopar. ¿Ritmo perdido?
hasta encontrarlo dentro de uno mismo.

Siempre volvemos, campo, de tus tardes
con un lucero humeante...
entre los labios.

. . . .

Cuando me acerco, pampa, a tu recuerdo,
te me vas, despacito, para adentro...
al trote corto, campo, al trotecito.

Aunque me ignores, campo, soy tu amigo.

Entra y descansa, campo. Desensilla.
Deja de ser eterna lejanía.

Cuanto más te repito y te repito
quisiera repetirte al infinito.

Nunca permitas, campo, que se agote
nuestra sed de horizonte y de galope.

Templa mis nervios, campo ilimitado,
al recio diapasón del alambrado.

Aquí mi soledad. Ésta mi mano.
Dondequiera que vayas te acompaño.

Si no hubieras andado siempre solo
¿todavía tendrías voz de toro?

Tu soledad, tu soledad... ¡la mía!
Un sorbo tras el otro, noche y día,
como si fuera, campo, mate amargo.

A veces soledad, otras silencio,
pero ante todo, campo; padre-nuestro.

El puro no

El NO
el no inóvulo
el no nonato
el noo
el no poslodocosmos de impuros ceros noes que noan noan noan
y nooan
y plurimono noan al morbo amorfo noo
no démono
no deo
si son sin sexo ni órbita
el yerto inóseo noo en unisolo amódulo
sin poros ya sin nódulo
ni yo ni fosa ni hoyo
el macro no ni polvo
el no más nada todo
el puro no
sin no

Jorge Luis Borges
1899-1986

Nació en Buenos Aires, Argentina, en 1899.
Fue un poeta excepcional, con un lenguaje marcadamente propio. Aunque no escribió novelas, su obra en prosa, que como él mismo escribió "no podrá opacar su poesía", es una sucesión de cuentos y ensayos breves de un nivel extraordinario, en los que renovó constantemente la forma de expresión de su pensamiento y su capacidad de creación literaria.

Se educó en Europa, donde también participó en algunos movimientos literarios de la época y realizó traducciones de poetas alemanes. Al volver a su país dirigió durante dieciocho años la Biblioteca Nacional.

Ha sido, sin duda alguna, el escritor argentino más destacado del siglo XX. Recibió numerosas e importantes distinciones y premios literarios. Sus obras han sido traducidas a veinticinco idiomas y difundidas por el mundo entero.

Su personalidad trascendió fronteras y sus opiniones, muchas veces polémicas, tuvieron resonancia mundial. Murió en 1986, prácticamente ciego, en Ginebra, Suiza.

Obra poética:

Fervor de Buenos Aires (1923)
Luna de enfrente (1925)
Cuaderno de San Martín (1929)
Poemas: 1922-1943 (1943)
Poemas: 1923-1953 (1954)
Poemas: 1923-1958 (1958)
El hacedor (1960)
El otro, el mismo (1964)
Obra poética: 1923-1964 (1964)
Para las seis cuerdas (1965)
Obra poética: 1923-1966 (1966)
Obra poética: 1923-1967 (1967)
Elogio de la sombra (1969)
El oro de los tigres (1972)
La rosa profunda (1975)
La moneda de hierro (1976)
Historia de la noche (1977)
La cifra (1981)
Los conjurados (1985)

Un patio

Con la tarde
se cansaron los dos o tres colores del patio.
Esta noche, la luna, el claro círculo,
no domina su espacio.
Patio, cielo encauzado.
El patio es el declive
por el cual se derrama el cielo en la casa.
Serena,
la eternidad espera en la encrucijada de estrellas.
Grato es vivir en la amistad oscura
de un zaguán, de una parra y de un aljibe.

Jactancia de quietud

Escrituras de luz embisten la sombra, más prodigiosas que meteoros.

La alta ciudad inconocible arrecia sobre el campo.

Seguro de mi vida y de mi muerte, miro los ambiciosos y quisiera entenderlos.

Su día es ávido como el lazo en el aire.

Su noche es tregua de la ira en el hierro, pronto en acometer.

Hablan de humanidad.

Mi humanidad está en sentir que somos voces de una misma penuria.

Hablan de patria.

Mi patria es un latido de guitarra, unos retratos y una vieja espada,

la oración evidente del sauzal en los atardeceres.

El tiempo está viviéndome.

Más silencioso que mi sombra, cruzo el tropel de su levantada codicia.

Ellos son imprescindibles, únicos, merecedores del mañana.

Mi nombre es alguien y cualquiera.

Paso con lentitud, como quien viene de tan lejos que no espera llegar.

Poema de los dones

A María Esther Vázquez

Nadie rebaje a lágrima o reproche
Esta declaración de la maestría
De Dios, que con magnífica ironía
Me dio a la vez los libros y la noche.

De esta ciudad de libros hizo dueños
A unos ojos sin luz, que sólo pueden
Leer en las bibliotecas de los sueños
Los insensatos párrafos que ceden

Las albas a su afán. En vano el día
Les prodiga sus libros infinitos,
Arduos como los arduos manuscritos
Que perecieron en Alejandría.

De hambre y de sed (narra una historia griega)
Muere un rey entre fuentes y jardines;
Yo fatigo sin rumbo los confines
De esa alta y honda biblioteca ciega.

Enciclopedias, atlas, el Oriente
Y el Occidente, siglos, dinastías,
Símbolos, cosmos y cosmogonías
Brindan los muros, pero inútilmente.

Lento en mi sombra, la penumbra hueca
Exploro con el báculo indeciso,
Yo, que me figuraba el Paraíso
Bajo la especie de una biblioteca.

Algo, que ciertamente no se nombra
Con la palabra *azar*, rige estas cosas;
Otro ya recibió en otras borrosas
Tardes los muchos libros y la sombra.

Al errar por las lentas galerías
Suelo sentir con vago horror sagrado
Que soy el otro, el muerto, que habrá dado
Los mismos pasos en los mismos días.

¿Cuál de los dos escribe este poema
De un yo plural y de una sola sombra?
¿Qué importa la palabra que me nombra
si es indiviso y uno el anatema?

Groussac o Borges, miro este querido
Mundo que se deforma y que se apaga
En una pálida ceniza vaga
Que se parece al sueño y al olvido.

Ajedrez

I

En su grave rincón, los jugadores
Rigen las lentas piezas. El tablero
Los demora hasta el alba en su severo
Ámbito en que se odian dos colores.

Adentro irradian mágicos rigores
Las formas: torre homérica, ligero
Caballo, armada reina, rey postrero,
Oblicuo alfil y peones agresores.

Cuando los jugadores se hayan ido.
Cuando el tiempo los haya consumido,
Ciertamente no habrá cesado el rito.

En el Oriente se encendió esta guerra
Cuyo anfiteatro es hoy toda la tierra.
Como el otro, este juego es infinito.

II
Tenue rey, sesgo alfil, encarnizada
Reina, torre directa y peón ladino
Sobre lo negro y blanco del camino
Buscan y libran su batalla armada.

No saben que la mano señalada
Del jugador gobierna su destino,
No saben que un rigor adamantino
Sujeta su albedrío y su jornada.

También el jugador es prisionero
(La sentencia es de Omar) de otro tablero
De negras noches y de blancos días.

Dios mueve al jugador, y éste, la pieza.
¿Qué dios detrás de Dios la trama empieza
De polvo y tiempo y sueño y agonías?

Insomnio

De fierro,
de encorvados tirantes de enorme fierro, tiene que ser la noche,
para que no la revienten y la desfonden
las muchas cosas que mis abarrotados ojos han visto,
las duras cosas que insoportablemente la pueblan.

Mi cuerpo ha fatigado los niveles, las temperaturas, las luces:
en vagones de largo ferrocarril,
en un banquete de hombres que se aborrecen,
en el filo mellado de los suburbios,
en una quinta calurosa de estatuas húmedas,
en la noche repleta donde abundan el caballo y el hombre.

El universo de esta noche tiene la vastedad
del olvido y la precisión de la fiebre.

En vano quiero distraerme del cuerpo
y del desvelo de un espejo incesante
que lo prodiga y que lo acecha
y de la casa que repite sus patios
y del mundo que sigue hasta un despedazado arrabal
de callejones donde el viento se cansa y de barro torpe.

En vano espero
las desintegraciones y los símbolos que preceden al sueño.

Sigue la historia universal:
los rumbos minuciosos de la muerte en las caries dentales,
la circulación de mi sangre y de los planetas.

(He odiado el agua crapulosa de un charco,
he aborrecido en el atardecer el canto del pájaro).

Las fatigadas leguas incesantes del suburbio del Sur,
leguas de pampa basurera y obscena, leguas de execración,
no se quieren ir del recuerdo.
Lotes anegadizos, ranchos en montón como perros, charcos de plata fétida:
soy el aborrecible centinela de esas colocaciones inmóviles.
Alambre, terraplenes, papeles muertos, sobras de Buenos Aires.

Creo esta noche en la terrible inmortalidad:
ningún hombre ha muerto en el tiempo, ninguna mujer, ningún muerto,
porque esta inevitable realidad de fierro y de barro
tiene que atravesar la indiferencia de cuantos estén dormidos o muertos.

El instante

¿Dónde estarán los siglos, dónde el sueño
De espadas que los tártaros soñaron,
Dónde los fuertes muros que allanaron,
Dónde el Árbol de Adán y el otro Leño?
El presente está solo. La memoria
Erige el tiempo. Sucesión y engaño
Es la rutina del reloj. El año
No es menos vano que la vana historia,
Entre el alba y la noche hay un abismo
De agonías, de luces, de cuidados;
El rostro que se mira en los gastados
Espejos de la noche no es el mismo.
El hoy fugaz es tenue y es eterno;
Otro Cielo no esperes, ni otro Infierno.

La luna

A María Kodama

Hay tanta soledad en ese oro.
La luna de las noches no es la luna
Que vio el primer Adán. Los largos siglos
De la vigilia humana la han colmado
De antiguo llanto. Mírala. Es tu espejo.

De *Diecisiete* haikú

1

Algo me han dicho
la tarde y la montaña.
Ya lo he perdido.

2

La vasta noche
no es ahora otra cosa
que una fragancia.

5

Hoy no me alegran
los almendros del huerto.
Son tu recuerdo.

7

Desde aquel día
no he movido las piezas
en el tablero.

10

El hombre ha muerto.
La barba no lo sabe.
Crecen las uñas.

11

Ésta es la mano
que alguna vez tocaba
tu cabellera.

12

Bajo el alero
el espejo no copia
más que la luna.

13

Bajo la luna
la sombra que se alarga
es una sola.

14

¿Es un imperio
esa luz que se apaga
o una luciérnaga?

17

La vieja mano
sigue trazando versos
para el olvido.

Carlos Drummond de Andrade
1902-1987

Nació en Itabira, estado de Minas Gerais, Brasil, en 1902. Allí cursó sus primeros estudios. En 1919 fue expulsado del colegio de jesuitas por un incidente con su profesor de portugués. En 1921 publicó sus primeros trabajos en la sección "Sociales" del *Diario de Minas*.

Se estableció en Belo Horizonte, donde escribió en los periódicos locales y conoció a los artistas que harían en 1922 la célebre Semana de Arte Moderno. En 1923 ingresó a la Escuela de Odontología y Farmacia de Belo Horizonte; se graduó en 1925, pero nunca ejerció su profesión de farmacéutico aduciendo que prefería "preservar la salud de los otros". Dio clases de geografía y portugués, sin alejarse nunca del periodismo. Colaboró en diversos periódicos nacionales como *El Correo de la Mañana*, *El Diario de Brasil* y *El Globo*. Durante 35 años trabajó para el Ministerio de Educación. Tradujo obras de Molière, Balzac, François Mauriac y Marcel Proust. Obtuvo numerosos premios nacionales e internacionales. Murió en 1987.

Obra poética:*

Alguna poesía (1930)

Pantano de las almas (1934)

Sentimiento del mundo (1940)

Poesías (1942)

La rosa del pueblo (1945)

Nuevos poemas (1948)

La mesa (1951)

Claro enigma (1951)

Viola de bolsa (1952)

Hacendado del aire (1953)

50 poemas escogidos por el autor (1956)

Ciclo (1957)

La vida pasada en limpio (1959)

Lección de cosas (1962)

Obra completa (1964)

Versiprosa (1967)

José y otros (1967)

La falta que ama (1968)

Reunión (1969)

Amor, amores (1975)

Discurso de primavera y algunas sombras (1977)

Olvidar para acordarse (1979)

Nueva reunión (19 libros de poesía) (1983)

Cuerpo (1984)

Amar se aprende amando (1985)

Poesía errante (1988)

El amor natural (1992)

Farewell (póstumo-1996)

Poema de siete caras

Cuando nací, un ángel contrahecho
de esos que viven en la sombra
dijo: ¡Ve, Carlos, a ser torpe en la vida!

Las casas espían a los hombres
que corren tras las mujeres.
La tarde tal vez sería azul,
no habría tantos deseos.

El tranvía para lleno de piernas:
piernas blancas negras amarillas.
Para qué tanta pierna. Dios mío,
     pregunta mi corazón.
Pero mis ojos
no preguntan nada.

El hombre detrás del bigote
es serio, sencillo, fuerte.
Casi no conversa.
Tiene pocos, escasos amigos,
el hombre detrás los anteojos
     y el bigote.

Dios Mío, por qué me has abandonado
si sabías que yo no era Dios.
Si sabías que yo era débil.

Mundo mundo vasto mundo
si yo me llamara Raimundo
sería una rima, no sería una solución.

Mundo mundo vasto mundo,
más vasto es mi corazón.

No te lo debía de decir
pero esa luna
pero ese coñac
nos mandan conmovidos al diablo.

Himno Nacional

¡Necesitamos descubrir el Brasil!
Escondido atrás de las selvas.
Como el agua a la mitad de los ríos,
el Brasil está dormido, pobre.
Necesitamos colonizar el Brasil.

Lo que haremos importando francesas
muy rubias, de pelo suave,
alemanas gordas, rusas nostálgicas para
Gorgonnettes de los restaurantes nocturnos.
Y vendrán sirias fidelísimas.
No conviene despreciar las japonesas...

Necesitamos educar al Brasil.
Compraremos profesores y libros,
asimilaremos refinadas culturas,
abriremos *dancings* y subvencionaremos élites.

Cada brasileño tendrá su casa
con buzón y calentador eléctricos, piscina,
salón para conferencias científicas.
Y cuidaremos del Estado Técnico.

Necesitamos alabar al Brasil.
No sólo es un país sin igual.
Nuestras revoluciones son aún mayores
que otras cualesquiera; nuestros errores también.

¿Y nuestras virtudes? La tierra de las pasiones sublimes...
las Amazonas inenarrables... los increíbles João-Pessoas...

¡Necesitamos adorar al Brasil!
Bien que sea difícil que quepa tanto océano y tanta soledad
en el pobre corazón lleno ya de compromisos...
bien que sea difícil comprender lo que quieren esos hombres,
por qué motivo ellos se reunieron y
cuál es la razón de sus sufrimientos.

¡Necesitamos, necesitamos olvidar al Brasil!
Tan majestuoso, tan sin límites, tan sin propósitos,
él quiere descansar de nuestro terrible cariño.
¡El Brasil no nos quiere! ¡Está harto de nosotros!
Nuestro Brasil está en otro mundo. Éste no es nuestro Brasil.
No existe Brasil alguno. ¿Existirán acaso los brasileños?

Unidos por las manos

No seré el poeta de un mundo caduco.
Tampoco cantaré el mundo futuro.
Estoy atado a la vida y miro a mis compañeros.
Están taciturnos pero alimentan grandes esperanzas.
Entre ellos considero la enorme realidad.
El presente es tan grande, no nos apartemos.
No nos apartemos mucho, vamos unidos por las manos.

No seré el cantor de una mujer o de una historia,
no hablaré de suspiros al anochecer,
del paisaje visto desde la ventana,
no distribuiré estupefacientes o cartas de suicida,
no huiré hacia las islas ni seré raptado por serafines.
El tiempo es mi materia, el presente tiempo, los hombres presentes,
la vida presente.

Búsqueda de la poesía

No hagas versos sobre los acontecimientos.
No hay creación ni muerte frente a la poesía.
Ante ella la vida es un sol estático,
no calienta ni ilumina.
Las afinidades, los aniversarios,
los incidentes personales no cuentan.
No hagas poesía con el cuerpo,
ese excelente, completo y cómodo cuerpo,
tan expuesto a la efusión lírica.
Tu gota de hiel, tu careta de gozo o de dolor en lo oscuro
son indiferentes.
No me reveles tus sentimientos,
que se sobreponen al equívoco e intentan el largo viaje.
Lo que piensas y sientes, eso aún no es poesía.
No cantes tu ciudad, déjala en paz.
El canto no es el movimiento de las máquinas
ni el secreto de las cosas.
No es música oída al pasar,
rumor del mar en las calles junto a la línea de espuma.
El canto no es la naturaleza
ni los hombres en sociedad.
Para él lluvia y noche, fatiga y esperanza nada significan.
La poesía —no saques poesía de las cosas—
elude sujeto y objeto.
No dramatices, no invoques,
no indagues. No pierdas tiempo en mentir.
No te aborrezcas.
Tu yate de marfil, tu zapato de diamante,
tus mazurcas y supersticiones, tus esqueletos de familia
desaparecen en la curva del tiempo, es algo imprestable.

No arregles
tu sepultada y melancólica infancia.
No osciles entre el espejo y
la memoria que se disipa.
Si se disipó, no era poesía.
Si se partió, no era cristal.
Penetra sordamente en el reino de las palabras.
Allá están los poemas que esperan ser escritos.
Están paralizados, pero no hay desesperación,
hay calma y frescura en la superficie intacta.
Hélos allí, solos, en estado de diccionario.
Convive con tus poemas antes de escribirlos.
Tenles paciencia si son oscuros. Calma, si te provocan.
Espera a que cada uno se realice y consuma
con su poder de palabra
y su poder de silencio.
No fuerces el poema a desprenderse del limbo.
No tomes del suelo el poema que se perdió.
No adules al poema. Acéptalo,
como él acepta su forma definitiva y concentrada
en el espacio.
Acércate más y contempla a las palabras.
Cada una tiene mil caras secretas bajo la cara neutra
y te pregunta, sin interés en la respuesta,
pobre o terrible que le des:
¿Trajiste la llave?
Reposa:
desiertas de melodía y concepto,
se refugian en la noche las palabras.
Todavía húmedas e impregnadas de sueño,
ruedan en un río difícil y se transforman en desprecio.

Traducciones de Francisco Cervantes

Confidencia del itabirano

Algunos años viví en Itabira.
Principalmente nací en Itabira.
Por eso soy triste, orgulloso: de fierro.
Noventa por ciento de fierro en las calzadas.
Ochenta por ciento de fierro en las almas.
Y ese alejamiento de lo que es en la vida porosidad y comunicación.

El deseo de amar, que me paraliza el trabajo,
viene de Itabira, de sus noches blancas, sin mujeres y sin
horizontes.
El hábito de sufrir, que tanto me divierte,
es dulce herencia itabirana.

De Itabira he traído prendas diferentes que ahora te ofrezco:
este San Benedicto del viejo santero Alfredo Duval;
esta piel de tapir, echada en el sofá del recibidor;
este orgullo, esta cabeza baja...

Tuve oro, tuve ganado, tuve fincas.
Hoy soy funcionario público.
Itabira es sólo una fotografía en la pared.
¡Pero cómo duele!

Un buey ve a los hombres

Tan delicados (más que un arbusto) y corren
y corren de un lado para otro, siempre olvidados
de algo. Verdaderamente, les falta
no sé qué atributo esencial, ya se muestran nobles
y graves, a veces. Ah, espantosamente graves,
hasta siniestros. Pobres, se diría que no escuchan
ni el canto del aire ni los secretos del heno,
como tampoco parecen percibir lo que es visible
y común a todos nosotros, en el espacio. Y se ponen tristes
y por el rastro de la tristeza llegan a la crueldad.
Toda su expresión reside en sus ojos y se pierde
con un simple bajar de pestañas, a la sombra.
No tienen nada en los pelos, en los extremos de inconcebible fragilidad,
y qué poca montaña hay en ellos,
y qué sequedad y qué entrantes y qué
imposibilidad de organizarse en formas calmas,
permanentes y necesarias. Tienen, quizás,
cierta gracia melancólica (un minuto) y con esto se hacen
perdonar la agitación incómoda y el translúcido
vacío interior que los vuelve pobres y necesitados
de emitir sones absurdos y agónicos: deseo, amor, celos
(¿qué sabemos nosotros?), sones que se despedazan y caen en el campo
como piedras afligidas y queman la hierba y el agua,
y difícil, después de esto, nos resulta rumiar nuestra verdad.

Traducciones de Ángel Crespo

La falta que ama

Entre arena, sol y grama
lo que se evita se da.
Mientras la falta que ama
busca a alguien que no hay.

Está cubierto de tierra,
de completo olvido envuelto.
Donde el ojo más se aferra
la dalia es toda cemento.

La transparencia de la hora
corroe ángulos oscuros:
una canción que no implora
ni ríe, resbalando muros.

No se oye la polvareda
que el gesto esparce en el llano.
La vida se cuenta entera
en letras de conclusión.

¿Por qué es que revuela a tontas
el pensamiento en la luz?
¿Y por qué nunca se escurre
el tiempo, llaga sin pus?

El insecto petrificado
en la concha ardiente del día
une el tedio del pasado
a una futura energía.

¿Se hará en el suelo simiente?
¿Todo va a recomenzar?
¿Es la falta o él que siente
el sueño del verbo amar?

Traducción de Francisco Serrano

Aparición amorosa

Dulce fantasma, ¿por qué me visitas
como en otros tiempos nuestros cuerpos se visitaban?
Me roza la piel tu transparencia, me invita
a rehacernos caricias imposibles: nadie
recibió nunca un beso de un rostro consumido.

Pero insistes, dulzura. Oigo tu voz,
la misma voz, el mismo timbre,
las mismas leves sílabas,
y aquel largo jadeo
en que te desvanecías de placer,
y nuestro final descanso de gamuza.

Entonces, convicto,
oigo tu nombre, única parte tuya indisoluble
música pura en continua existencia.
¿A qué me abro?, a ese aire imposible
en que te has convertido
y beso, beso esa nada intensamente.

Amado ser destruido ¿por qué vuelves
y eres tan real y tan, igualmente, ilusorio?
Ya no distingo más si eres sombra
o sombra siempre fuiste, y nuestra historia
el invento de un libro deletreado
bajo pestañas soñolientas.
¿Habré un día conocido
tu verdadero cuerpo como hoy lo conozco
enlazando el vapor como se enlaza
una idea platónica en el aire?

¿El deseo perdura en ti que ya no eres,
querida ausente, persiguiéndome, suave?
Nunca pensé que los muertos
el mismo ardor tuviesen de otros días
y nos lo transmitiesen con chupadas
de hielo y fuego candente matizados.

Tu visita ardiente me conforta.
Tu visita ardiente me acongoja.
Tu visita, apenas una limosna.

Traducción de Víctor Sosa

João Cabral de Melo Neto
1920

Nació en Recife, Brasil, en 1920. Pasó su infancia y la mayor parte de su adolescencia en varias "casas grandes" de los ingenios azucareros pertenecientes a su familia. Estudió en colegios de los hermanos maristas de Recife y desde los dieciocho años comenzó a frecuentar reuniones de escritores y pintores.

En 1942 publicó su primer libro de poesía, luego de haber participado en el Congreso de Poesía de Recife.

En 1945 ingresó en la carrera diplomática. Destinado a España, permaneció en dicho país hasta 1964 y publicó ahí varios de sus libros.

Ha desempeñado cargos diplomáticos en Berna, Senegal y Ecuador.

Obra poética:*

Piedra de sueño (1942)

Los tres mal amados (1943)

El ingeniero (1945)

Psicología de la composición (1947)

El perro sin plumas (1950)

El río (1954)

Dos aguas (1956)

Muerte y vida severina (1956)

Paisaje con figuras (1956)

Cuaderna (1960)

Dos parlamentos (1961)

Martes (1961)

Muerte y vida nordestina (1965)

La educación por la piedra (1966)

Muerte y vida nordestina y otros poemas en voz alta (1966)

Poesías completas (1968)

Museo de todo (1975)

La escuela de los cuchillos (1980)

Poesía crítica (1982)

Auto del fraile (1984)

Páramos (1985)

Crimen en la Calle Relator (1987)

Sevilla caminando (1990)

Primeros poemas (1990)

La mesa

El diario doblado
sobre la mesa simple;
el mantel limpio
la loza blanca

y fresca como el pan.

La naranja verde:
tu paisaje siempre,
tu aire libre, sol
de tus playas; clara

y fresca como el pan.

El cuchillo que afiló
tu lápiz gastado;
tu primer libro
de cubierta blanca

y fresca como el pan.

Y el verso nacido
de tu mañana viva,
de tu sueño extinto,
todavía leve, caliente

y fresco como el pan.

Traducción de Márgara Russotto

El ingeniero

La luz, el sol, el aire libre,
Envuelven el sueño del ingeniero.
El ingeniero sueña cosas claras:
Superficies, tenis, un vaso de agua.

El lápiz, la escuadra, el papel;
El dibujo, el proyecto, el número:
El ingeniero piensa el mundo justo,
Mundo que ningún velo cubre.

(Ciertas tardes subíamos
Al edificio. La ciudad diaria
Como un periódico que todos leían
Conseguía un pulmón de cemento y de vidrio.)

El agua, el viento, la claridad,
A un lado el río, en lo alto nubes
Ponían en el mundo al edificio
Que crecía de sus fuerzas simples.

Traducción de Ángel Crespo

La mujer sentada

Mujer. Mujer y palomas.
Mujer entre sueños.
¿Nubes en sus ojos?
Nubes sobre sus cabellos.

(La visita espera en la sala;
la noticia, en el teléfono;
la muerte crece en la hora;
la primavera, más allá de la ventana).

Mujer sentada. Tranquila
en la sala, como si volara.

Traducción de Márgara Russotto

El poema

A tinta y a lápiz
Se escriben todos
los versos del mundo.

¿Qué monstruos están
Nadando en el pozo
Negro y fecundo?

¿Qué otros se deslizan
Soltando el carbón
de sus huesos?

¿Cómo el ser vivo
Que es cada verso
Un organismo

Con sangre y hálito
Puede brotar
De gérmenes muertos?

El papel no siempre
Es blanco como
La primera mañana.

Es muchas veces
El triste y pobre
Papel de estraza.

Es otras veces
De carta aérea
Con aire de nube.

Pero es en el papel
En su aséptico blanco
Donde el poema rompe.

¿Cómo un ser vivo
Puede brotar
De un suelo mineral?

De la Laguna de la Estaca a Apolinario

Siempre había pensado en ir
camino de la mar.
Para los bichos y los ríos
nacer ya es caminar.
Ya no sé lo que los ríos
tienen de hombre de mar.
Sé que se siente la misma
exigente llamada.
Yo he nacido bajando
la sierra llamada del Jacarará
entre cariberos
de los que sé por oír contar.
Pues también como la gente
no consigo recordar
esas primeras leguas
de mi caminar.
De entre lo que me acuerdo,
me acuerdo bien de que bajaba
entre tierras de sed
que desde las márgenes me acechaban.
Río niño, temía
aquella gran sed de paja,
aquella gran sed sin fondo
que aguas tan niñas codiciaba.
Por eso es por lo que al bajar
un camino de piedras buscaba,
y no un lecho de arena
con sus bocas multiplicadas.

Por un lecho de piedra abajo,
río niño, me deslizaba.
Me deslicé hasta que encontré
las tierras hembras de la algaba.
Por detrás de lo que recuerdo
oí de una tierra abandonada.
Dejada, no vacía,
y más que seca, calcinada.
De donde todo huía,
donde sólo piedra quedaba,
piedras y pocos hombres
con raíces de piedra o de cabra.
El cielo perdía las nubes,
las últimas de sus aves.
Los árboles, la sombra
que en ellas ya no se posaba.
Todo lo que no huía,
gavilanes, urubúes, plantas bravas,
la tierra devastada
todavía más devastaba.

Muerte y vida severina
Auto de Navidad pernambucano
fragmentos

El retirante explica al lector
quién es y a qué va

—Es mi nombre Severino,
pues no tengo otro de pila.
Como hay muchos Severinos
(que es santo de romería),
la gente ha dado en llamarme
Severino el de María.
Como hay muchos Severinos
nacidos de una María,
me llaman el de María
del difunto Zacarías.
Mas lo dicho dice poco:
hay en la feligresía
muchos, por un coronel
que se llamó Zacarías
y que ha sido el más antiguo
señor de esta sesmería.
¿Cómo, pues, decir quién habla
ahora a Vuestras Señorías?
Veamos: el Severino
de María de Zacarías,
de la Sierra de Costela,
al pie de la Paraíba.
Mas lo dicho dice poco.
Por lo menos, cinco había

con nombre de Severino,
hijos de cinco Marías,
que eran mujeres de cinco
ya finados Zacarías,
viviendo en la misma sierra
pelada en que yo vivía.
Somos muchos Severinos
iguales, en esta vida:
por esta cabeza grande
que apenas si se equilibra,
y el mismo vientre crecido
sobre iguales piernas finas,
y porque la sangre nuestra
tiene también poca tinta.
Y si somos Severinos
tan iguales en la vida,
morimos de muerte igual;
de la muerte severina.

. . . .

Traducciones de Ángel Crespo

II

— A quién estáis cargando
hermanos del alma,
envuelto en esa red?
digan para saber.

— A un difunto mínimo,
hermano del alma,
que hace muchas horas viaja
a su morada.

— ¿Y sabéis quién era él,
hermanos del alma,
sabéis cómo él se llama
o se llamaba?

— Severino Labrador,
hermano del alma,
Severino Labrador,
pero ya no labra.

— ¿Y de dónde lo estáis trayendo,
hermanos del alma,
dónde fue que comenzó
vuestra jornada?

— Donde la *caatinga* es más seca,
hermano del alma,
donde una tierra que no da
ni planta brava.

— ¿Y fue natural esa muerte,
hermanos del alma,
fue esa muerte natural
o fue matada?

— No que no fue natural,
hermano del alma,
esta fue muerte matada,
en una emboscada.

— ¿Y qué ocultaba la emboscada,
hermano del alma,
y con qué fue que lo mataron,
con cuchillo o bala?

— Este fue muerto de bala,
hermano del alma,
más seguro es de bala,
que más lejos traspasa.

— ¿Y quién fue el que lo emboscó,
hermanos del alma,
quién contra él lanzó
esa ave-bala?

— Allí es difícil decir,
hermano del alma,
siempre hay una bala volando
desocupada.

— ¿Y qué era lo que él había hecho,
hermanos del alma,
qué era lo que él había hecho
para que tal cosa pasara?

— Tener unas hectáreas de tierra,
hermano del alma,
de piedra y arena lavada
que cultivaba.

Traducción de Márgara Russotto

Tejiendo la mañana

Un gallo solo no teje una mañana:
siempre necesitará de otros gallos.
De uno que reciba ese grito
y lo lance a otro; de otro gallo
que reciba el grito del anterior
y lo lance a otro; y de otros gallos
que con muchos otros crucen
los hilos de sol de sus gritos,
para que la mañana, desde una tela tenue,
se vaya tejiendo entre todos los gallos.

Traducción de Ángel Crespo

La lección de pintura

Ningún cuadro se termina,
dice cierto pintor;
se puede sin fin continuarlo,
primero, además de otro cuadro

que, creado a partir de tal forma,
tiene en la tela, oculta,
una puerta, que da a un corredor
que da a otra, a muchas otras.

Traducción de Francisco Serrano

Álvaro Mutis

1923

Nació en Bogotá, Colombia, en 1923. Los primeros estudios los realizó en Bruselas. Cuando regresó a Bogotá trató infructuosamente, como él mismo dice, de terminarlos, pero: "el billar y la poesía pudieron más y jamás alcancé el ansiado cartón de bachiller". Sin embargo, las clases de literatura que recibió en esa época le llevaron a su devoción por la poesía, y en particular por la poesía española.

En 1948 publicó su primer libro de poemas y a partir de entonces siguió escribiendo, sea en poesía o en prosa, obras que han sido traducidas y publicadas en nueve idiomas. A partir de 1956 llega a México, donde reside en la actualidad.

En 1974 recibió el Premio Nacional de Letras de Colombia. Se considera a sí mismo como muy poco interesado en la política: "el último hecho político que me preocupa de veras —dice— es la caída de Bizancio en manos de los infieles en 1453".

En 1997 le fue conferido el Premio Príncipe de Asturias.

Obra poética:

La balanza (1948)

Los elementos del desastre (1953)

Reseña de los hospitales de ultramar (1959)

Los trabajos perdidos (1964)

Summa de Maqroll el Gaviero. Poesía: 1948-1970 (1973)

Caravansary (1982)

Los emisarios (1984)

Un homenaje y siete nocturnos (1986)

Crónica regia y alabanza del reino (1985)

Una palabra

Cuando de repente en mitad de la vida llega una palabra jamás antes pronunciada,
una densa marea nos recoge en sus brazos y comienza el largo viaje entre la magia
      recién iniciada,
que se levanta como un grito en un inmenso hangar abandonado donde el musgo
      cobija las paredes,
entre el óxido de olvidadas criaturas que habitan un mundo en ruinas, una palabra
      basta,
una palabra y se inicia la danza pausada que nos lleva por entre un espeso polvo de
      ciudades,
hasta los vitrales de una oscura casa de salud, a patios donde florece el hollín y andan
      densas sombras,
húmedas sombras, que dan vida a cansadas mujeres.
Ninguna verdad reside en estos rincones y, sin embargo, allí sorprende el mudo pavor
que llena la vida con su aliento de vinagre —rancio vinagre que corre por la mojada
      despensa de una humilde casa de placer.
Y tampoco es esto todo.
Hay también las conquistas de calurosas regiones, donde los insectos vigilan la
      copulación de los guardianes del sembrado
que pierden la voz entre los cañaduzales sin límite surcados por rápidas acequias
y opacos reptiles de blanca y rica piel.
¡Oh el desvelo de los vigilantes que golpean sin descanso sonoras latas de petróleo
para espantar los acuciosos insectos que envía la noche como una promesa de vigilia!
Camino del mar pronto se olvidan estas cosas.
Y si una mujer espera con sus blancos y espesos muslos abiertos como las ramas de un
      florido písamo centenario,
entonces el poema llega a su fin, no tiene ya sentido su monótono treno de fuente
      turbia y siempre renovada por el cansado cuerpo de viciosos gimnastas.
Sólo una palabra.
Una palabra y se inicia la danza
de una fértil miseria.

De la ciudad

¿Quién ve a la entrada de la ciudad
la sangre vertida por antiguos guerreros?
¿Quién oye el golpe de las armas
y el chapoteo nocturno de las bestias?
¿Quién guía la columna de humo y dolor
que dejan las batallas al caer la tarde?
Ni el más miserable, ni el más vicioso
ni el más débil y olvidado de los habitantes
recuerda algo de esta historia.
Hoy, cuando al amanecer crece en los parques
el olor de los pinos recién cortados,
ese aroma resinoso y brillante
como el recuerdo vago de una hembra magnífica
o como el dolor de una bestia indefensa,
hoy, la ciudad se entrega de lleno
a su niebla sucia y a sus ruidos cotidianos.
Y sin embargo el mito está presente,
subsiste en los rincones donde los mendigos
inventan una temblorosa cadena de placer,
en los altares que muerde la polilla
y cubre el polvo con manso y terso olvido,
en las puertas que se abren de repente
para mostrar al sol un opulento torso
de mujer que despierta entre naranjos
—blanda fruta muerta, aire vano de alcoba—.
En la paz del mediodía, en las horas del alba,
en los trenes soñolientos cargados de animales
que lloran la ausencia de sus crías,
allí está el mito perdido, irrescatable, estéril.

Cada poema

Cada poema un pájaro que huye
del sitio señalado por la plaga.

Cada poema un traje de la muerte
por las calles y plazas inundadas
en la cera letal de los vencidos.

Cada poema un paso hacia la muerte,
una falsa moneda de rescate,
un tiro al blanco en medio de la noche
horadando los puentes sobre el río,
cuyas dormidas aguas viajan
de la vieja ciudad hacia los campos
donde el día prepara sus hogueras.

Cada poema un tacto yerto
del que yace en la losa de las clínicas,
un ávido anzuelo que recorre
el limo blando de las sepulturas.

Cada poema un lento naufragio del deseo,
un crujir de los mástiles y jarcias
que sostienen el peso de la vida.

Cada poema un estruendo de lienzos que derrumban
sobre el rugir helado de las aguas
el albo aparejo del velamen.

Cada poema invadiendo y desgarrando
la amarga telaraña del hastío.

Cada poema nace de un ciego centinela
que grita al hondo hueco de la noche
el santo y seña de su desventura.
Agua de sueño, fuente de ceniza,
piedra porosa de los mataderos,
madera en sombra de las siemprevivas,
metal que dobla por los condenados,
aceite funeral de doble filo,
cotidiano sudario del poeta,
cada poema esparce sobre el mundo
el agrio cereal de la agonía.

Caravansary

para Octavio y Marie-Jo

fragmento

5

Mi labor consiste en limpiar cuidadosamente las lámparas de hojalata con las cuales los señores del lugar salen de noche a cazar el zorro en los cafetales. Lo deslumbran al enfrentarle súbitamente estos complejos artefactos, hediondos a petróleo y a hollín, que se oscurecen en seguida por obra de la llama que, en un instante, enceguece los amarillos ojos de la bestia. Nunca he oído quejarse a estos animales. Mueren siempre presas del atónito espanto que les causa esta luz inesperada y gratuita. Miran por última vez a sus verdugos como quien se encuentra con los dioses al doblar una esquina. Mi tarea, mi destino, es mantener siempre brillante y listo este grotesco latón para su nocturna y breve función venatoria. ¡Y yo que soñaba ser algún día laborioso viajero por tierras de fiebre y aventura!

Invocación

¿Quién convocó aquí a estos personajes?
¿Con qué voz y palabras fueron citados?
¿Por qué se han permitido usar
el tiempo y la substancia de mi vida?
¿De dónde son y hacia dónde los orienta
el anónimo destino que los trae a desfilar frente a nosotros?

Que los acoja, Señor, el olvido.
Que en él encuentren la paz,
el deshacerse de su breve materia,
el sosiego a sus almas impuras,
la quietud de sus cuitas impertinentes.

No sé, en verdad, quiénes son,
ni por qué acudieron a mí
para participar en el breve instante
de la página en blanco.
Vanas gentes estas,
dadas, además, a la mentira.
Su recuerdo, por fortuna,
comienza a esfumarse
en la piadosa nada
que a todos habrá de alojarnos.
Así sea.

Apuntes para un funeral

fragmento

II

Batallas   Batallas   Batallas
que recorren la tierra con prisa de animales sedientos
o semillas estériles de instantánea belleza.
Trapos que el viento baraja
oliva   blanco   cobalto   púrpura
savia confusa de la guerra, de la humana conquista
de territorios bajo un cielo antiguo
protector de legiones –corazas al viento de la tarde,
rígidas estatuas de violencia sumergidas en alcoholes bárbaros–
batallas sin voz, batallas a medianoche
en rutas anegadas, entre carros atascados
en un espeso barro de milenios.

Isaac Felipe Azofeifa
1909-1997

Nació en Santo Domingo de
Heredia, Costa Rica, en 1909.
En 1929 ingresó al Instituto
Pedagógico de Santiago
de Chile, donde se recibiría
como Profesor de Estado
en Castellano.

En Chile entró en contacto
con la intensa actividad artística y literaria de
entonces. Formó parte del grupo vanguardista
"Runrunismo" y convivió con poetas como
Pablo Neruda, Juvencio Valle y Pablo de Rokha.

En 1935 regresó a Costa Rica y dedicó su
vida a tres grandes pasiones que con el tiempo
fueron inseparables: la literatura, la educación
y la política.

Con un grupo de profesionales jóvenes
creó el Centro para el Estudio de los Problemas
Nacionales, y la revista *Surco* que también
dirigió. De 1943 hasta su jubilación, fue profesor
de literatura en la Universidad de Costa Rica.
Fue embajador de su país en Chile y en la Unión
Soviética.

Azofeifa obtuvo importantes distinciones
y premios: Académico de la Lengua;
Premio Nacional de Poesía, en dos ocasiones;
y en 1972 se le concedió el Premio Nacional
de la Cultura *Magón*, el más importante de su
país. Murió el 2 de abril de 1997.

Obra poética:
La voz de las cumbres patrias (1928)
Trunca unidad (1958)
Vigilia en pie de muerte (1961)
Canción (1964)
Estaciones (1967)
Días y territorios (1969)
Cima del gozo (1974)
Cruce de vía (1982)
Órbita (1997)

Itinerario simple de su ausencia

b

Hoy no has venido al parque.

Podría ponerme a recoger del suelo
la luz desorientada y sin objeto
que ha caído en tu banco.

Para qué voy a hablar
si no está tu silencio.
Para qué he de mirar sin tu mirada.

Y este reloj del corazón que espera
golpeando
y doliendo.

ch

Qué manojo de rosas olvidadas.
Qué tibia pluma y mansa luz
tu cuerpo como un árbol,
como un árbol gritando,
con tanto poro abierto, con tanta sangre
en olas dulces elevándose.
Oh, sagrado torrente del naufragio.
Cómo amaría perderme
y encontrarte.

c

Esta noche de luna y tú lejana.

Necesito a mi lado tus preguntas.
Y encontrarte en el aire vuelta brasa,
vuelta una llama dulce,
vuelta silencio y regazo,
vuelta noche y reposo, como cuando
guiábamos la luna nuestra hasta la casa.

Se oye venir la lluvia

La casa de mi infancia es de barro del suelo a la teja,
y de maderas apenas descuajadas, que en otro tiempo obedecieron
hachas y azuelas en los cercanos bosques.
El gran filtro de piedra vierte en ella, tan grande,
su agua de fresca sombra.
Yo amo su silencio, que el fiel reloj del comedor vigila.
Me escondo en los muebles inmensos.
Abro la despensa para asustarme un poco
del tragaluz, que hace oscuros los rincones.
Corro aventuras inauditas cuando entro
en el huerto cerrado que me está prohibido.
En la penumbra de la tarde, que va cayendo lenta
sobre el mundo, el grillo del hogar canta de pronto,
y su estribillo triste riega en el aire quieto,
paz y sueño sabrosos.

Cuando venían las lluvias miraba los largos aguaceros
desde el ancho cajón de las ventanas.
Nunca huele a tierra tanto como esa tarde.
Se oye la lluvia primero en el aire venir como un gigante
que se demora, lento, se detiene y no llega,
y luego, están ahí sus pies sobre las hojas,
                        tamborileando,
rápidos, mojando,
y lavando sus manos de prisa, tan de prisa, los árboles,
el césped, los arroyos,
los alambres, los techos, las canoas.

Pero también su llanto desolado,
su sinrazón de ser triste, su acabarse de pronto,
sin objeto ni adiós,
para siempre en mi infancia, para siempre.

Llueve en mi alma ahora, como entonces.

VI

¿Tú me dejas aquí o partes conmigo?
¿Estoy dentro de ti o es que me llamas?
¿Vives única en mí o encuentro el mundo en ti,
contigo?

El orden de las cosas en que te amo,
¿dónde empieza o acaba?
Ahora está el silencio aposentado
en la rosa del aire
y un árbol cerca trina entre los pájaros
para asombrar tu sueño, ¿o es mi sueño?

¿Es esta una prisión o acaso el vasto cielo
empieza aquí donde tus pies
tocan juntos la tierra, o es la luna?

De pronto entro en la luz en que ya habito
y mis ojos se encuentran con tu frente.
Busco salir de ti y te llevo dentro
de mí, sin encontrarte.
Sin cómo, dónde o cuándo.

Ciego en la luz con mi mirada abierta
a tanta multitud de ti que ando
extraviado en la noche en la mitad del día.

Trópico verde

Verde lluvia, vertiente y territorio.

Verde el espacio. La luz verde.
El clima verde. Verdes las colinas.
Las hondonadas y los ríos verdes.
Un lago verde el valle. La montaña
verdeazul, verdemar, verdeprofundo.
Lo cerca y lo lejano en aire verde.

Verde lluvia, vertiente y territorio.

Roto temblor el verde de los plátanos.
Casi líquida lágrima, el verdor
del sauce. El verde
militar del café, el verdor húmedo
de junco, caña y lirio. Verde música
en el órgano, –oh verde viento!– del bambú.
La plata verde
del eucalipto. El verdor silencioso
de los pastos, las malvas, las legumbres.

Verde lluvia, vertiente y territorio.

De mi sangre saltó una estrella verde.
Y verdín, verdinal y verdolaga,
mayo estira su lluvia hasta diciembre
en el trópico verde.

Nicolás Guillén
1902-1989

Nació en Camagüey, Cuba, en 1902. Estudió Derecho en La Habana y más tarde regresó a su provincia, donde permaneció varios años sin dar a conocer su trabajo literario. Volvió a La Habana y, cautivado por la aventura vanguardista de los años 20, comenzó a colaborar en periódicos y revistas. En 1930 publicó *Los motivos del son*, libro que se inspira en los moldes musicales del son cubano y que recoge, con un tono de poesía popular, escenas y tipos de la vida del negro habanero. Al año siguiente, con *Sóngoro Cosongo*, Guillén afirmaría los valores y hallazgos de su libro anterior. Comenzaba a hablarse entonces de la "poesía negra" y existía un creciente interés por los motivos africanos. La poesía de Guillén, sin embargo, no nacía de una mera afición literaria sino que se basaba en la realidad y recogía la protesta del negro cubano contra la injusticia y la segregación. En sus libros siguientes se precisó y depuró esa aspiración, vinculándola con el proceso histórico que se vivía en su país. Guillén llamó a su poesía, cada vez más cargada de un explícito contenido social, "poesía mulata", para subrayar la fusión de culturas que la generó. Murió en La Habana en 1989.

Obra poética:

Motivos del son (1930)
Sángoro cosongo (1931)
West Indies, Ltd. (1934)
Cantos para soldados y sones para turistas (1937)
España. Poema en cuatro angustias y una esperanza (1937)
El son entero. Suma poética (1947)
Elegía a Jacques Romain en el cielo de Haití (1948)
Versos negros (1950)
Elegía a Jesús Méndez (1951)
Elegía cubana (1956)
La paloma de vuelo popular (1958)
Tengo (1964)
El gran zoo (1967)
Por el mar de las Antillas anda un barco de papel (1979)
Obra poética: 1930-1957 y 1958-1972 (1972)
Las grandes elegías y otros poemas (1989)

Sigue...

Camina, caminante,
sigue;
camina y no te pare,
sigue.

Cuando pase po su casa
no le diga que me bite:
camina, caminante,
sigue.

Sigue y no te pare,
sigue:

no la mire si te llama,
sigue;

Acuéddate que ella e mala,
sigue.

Sensemayá

Canto para matar una culebra

¡Mayombe—bombe—mayombé!
¡Mayombe—bombe—mayombé!
¡Mayombe—bombe—mayombé!

La culebra tiene los ojos de vidrio;
la culebra viene y se enreda en un palo;
con sus ojos de vidrio en un palo,
con sus ojos de vidrio.

La culebra camina sin patas;
la culebra se esconde en la yerba;
caminando se esconde en la yerba,
caminando sin patas.

¡Mayombe—bombe—mayombé!
¡Mayombe—bombe—mayombé!
¡Mayombe—bombe—mayombé!

Tú le das con el hacha y se muere:
¡dale ya!
¡No le des con el pie, que te muerde,
no le des con el pie, que se va!

Sensemayá, la culebra,
sensemayá.
Sensemayá, con sus ojos,
sensemayá.
Sensemayá, con su lengua,
sensemayá.
Sensemayá, con su boca.
sensemayá.

La culebra muerta no puede comer,
la culebra muerta no puede silbar,
no puede caminar,
no puede correr.

La culebra muerta no puede mirar,
la culebra muerta no puede beber,
no puede respirar,
no puede morder.

¡Mayombe—bombe—mayombé!
Sensemayá, la culebra...
¡Mayombe—bombe—mayombé!
Sensemayá, no se mueve...

¡Mayombe—bombe—mayombé!
Sensemayá, la culebra...
¡Mayombe—bombe—mayombé!
Sensemayá, se murió.

Mi patria es dulce por fuera...

Mi patria es dulce por fuera,
y muy amarga por dentro;
mi patria es dulce por fuera,
con su verde primavera,
con su verde primavera,
y un sol de hiel en el centro.

¡Qué cielo de azul callado
mira impasible tu duelo!
¡Qué cielo de azul callado,
ay, Cuba, el que Dios te ha dado,
ay, Cuba, el que Dios te ha dado,
con ser tan azul tu cielo!

Un pájaro de madera
me trajo en su pico el canto;
un pájaro de madera.

¡Ay, Cuba, si te dijera,
yo que te conozco tanto,
ay, Cuba, si te dijera,
que es de sangre tu palmera,
que es de sangre tu palmera,
y que tu mar es de llanto!
Bajo tu risa ligera,
yo, que te conozco tanto,
miro la sangre y el llanto,
bajo tu risa ligera.

Sangre y llanto
bajo tu risa ligera;
sangre y llanto
bajo tu risa ligera.
Sangre y llanto.

El hombre de tierra adentro
está en un hoyo metido,
muerto sin haber nacido,
el hombre de tierra adentro.
Y el hombre de la ciudad,
ay, Cuba, es un pordiosero:
anda hambriento y sin dinero,
pidiendo por caridad,
aunque se ponga sombrero
y baile en la sociedad.
(Lo digo en mi son entero,
porque es la pura verdad).

Hoy yanqui, ayer española,
sí, señor,
la tierra que nos tocó,
siempre el pobre la encontró
si hoy yanqui, ayer española,
¡cómo no!
¡Qué sola la tierra sola,
la tierra que nos tocó!

La mano que no se afloja
hay que estrecharla en seguida;
la mano que no se afloja,
china, negra, blanca o roja,
china, negra, blanca o roja,
con nuestra mano tendida.

Un marino americano,
bien,
en el restaurant del puerto,
bien,
un marino americano
me quiso dar con la mano,
me quiso dar con la mano,
pero allí se quedó muerto,
bien,
pero allí se quedó muerto,
bien,
pero allí se quedó muerto
el marino americano
que en el restaurant del puerto
me quiso dar con la mano,
¡bien!

Canción de cuna para despertar a un negrito

Dórmiti, mi nengre,
mi nengre bonito.

E. Ballagas

Una paloma
cantando pasa:
—¡Upa, mi negro,
que el sol abrasa!
Ya nadie duerme,
ni está en su casa;
ni el cocodrilo,
ni la yaguaza,
ni la culebra,
ni la torcaza...
Coco, cacao,
cacho, cachaza,
¡upa, mi negro,
que el sol abrasa!

Negrazo, venga
con su negraza.
¡Aire con aire,
que el sol abrasa!
Mire la gente,
llamando pasa;
gente en la calle,
gente en la plaza;

ya nadie queda
que esté en su casa...
Coco, cacao,
cacho, cachaza,
¡upa, mi negro,
que el sol abrasa!

Negrón, negrito,
ciruela y pasa,
salga y despierte,
que el sol abrasa,
diga despierto
lo que le pasa...

¡Que muera el amo,
muera en la brasa!
Ya nadie duerme,
ni está en su casa:
¡Coco, cacao,
cacho, cachaza,
upa, mi negro,
que el sol abrasa!

Responde tú...

Tú, que partiste de Cuba,
responde tú,
¿dónde hallarás verde y verde,
azul y azul,
palma y palma bajo el cielo?
Responde tú.

Tú, que tu lengua olvidaste,
responde tú,
y en lengua extraña masticas
el güel y el yu,
¿cómo vivir puedes mudo?
Responde tú.

Tú, que dejaste la tierra,
responde tú,
donde tu padre reposa
bajo una cruz,
¿dónde dejarás tus huesos?
Responde tú.

Ah desdichado, responde,
responde tú,
¿dónde hallarás verde y verde,
azul y azul,
palma y palma bajo el cielo?
Responde tú.

Guitarra

Fueron a cazar guitarras
bajo la luna llena.
Y trajeron ésta,
pálida, fina, esbelta,
ojos de inagotable mulata,
cintura de abierta madera.
Es joven, apenas vuela.
Pero ya canta
cuando oye en otras jaulas
aletear sones y coplas.
Los sonesombres y las coplasolas.
Hay en su jaula esta inscripción:
     "Cuidado: sueña".

José Lezama Lima
1910-1976

Nació en 1910 en un campamento militar cercano a La Habana, Cuba. Su padre era militar y él pasó sus primeros años jugando en los patios traseros de cuarteles y bajo el aire y disciplina militares.

Su madre pertenecía a una familia que había luchado muchos años por la independencia de Cuba y eso lo llevó a conocer, siendo muy pequeño, el exilio. Al morir su padre se trasladó a la casa de la abuela y ahí vivió diez años entre el asma que padecía desde que nació y los libros. Las largas y continuas convalecencias a que le obligaba la enfermedad lo hicieron leer toda clase de obras. En los periodos de salud siguió sus estudios de bachiller. A los 19 años, se cambiaron él y su madre a una casa en La Habana Vieja, y ahí empezaron otra vez la estrechez y el asma. Ingresó a la universidad a estudiar Derecho Civil y continuó leyendo y escribiendo poesía en los cafés. En 1937, ya graduado y trabajando en un bufete, publicó su primer libro de poesía y entre ese año y 1944 fundó tres revistas literarias. Durante la revolución y al triunfo de ésta, no dejó de leer y escribir; comprendió que su lugar estaba ahí, en La Habana, su asma, sus interminables puros y el amor a su patria, a la que nunca abandonaría. Murió en 1976.

Obra poética:

Muerte de Narciso (1937)

Enemigo rumor (1941)

Aventuras sigilosas (1945)

Dador (1960)

Poesía completa (1975)

Obras completas (póstumo-1977)

Fragmentos a su imán (póstumo-1978)

Poesía completa (póstumo-1985)

Ah, que tú escapes

Ah, que tú escapes en el instante
en el que ya habías alcanzado tu definición mejor.
Ah, mi amiga, que tú no quieras creer
las preguntas de esa estrella recién cortada,
que va mojando sus puntas en otra estrella enemiga.
Ah, si pudiera ser cierto que a la hora del baño,
cuando en una misma agua discursiva
se bañan el inmóvil paisaje y los animales más finos:
antílopes, serpientes de pasos breves, de pasos evaporados,
parecen entre sueños, sin ansias levantar
los más extensos cabellos y el agua más recordada.
Ah, mi amiga, si en el puro mármol de los adioses
hubieras dejado la estatua que nos podía acompañar,
pues el viento, el viento gracioso,
se extiende como un gato para dejarse definir.

Una oscura pradera me convida

Una oscura pradera me convida,
sus manteles estables y ceñidos,
giran en mí, en mi balcón se aduermen.
Dominan su extensión, su indefinida
cúpula de alabastro se recrea.
Sobre las aguas del espejo,
breve la voz en mitad de cien caminos,
mi memoria prepara su sorpresa:
gamo en el cielo, rocío, llamarada.
Sin sentir que me llaman
penetro en la pradera despacioso,
ufano en nuevo laberinto derretido.
Allí se ven, ilustres restos,
cien cabezas, cornetas, mil funciones
abren su cielo, su girasol callando.
Extraña la sorpresa en este cielo,
donde sin querer vuelven pisadas
y suenan las voces en su centro henchido.
Una oscura pradera va pasando.
Entre los dos, viento o fino papel,
el viento, herido viento de esta muerte
mágica, una y despedida.
Un pájaro y otro ya no tiemblan.

La madre

Vi de nuevo el rostro de mi madre.
Era una noche que parecía haber escindido
la noche del sueño.
La noche avanzaba o se detenía.
cuchilla que cercena o soplo huracanado,
pero el sueño no caminaba hacia su noche.
Sentía que todo pesaba hacia arriba,
allí hablabas, susurrabas casi,
para los oídos de un cangrejito,
ya sé, lo sé porque vi su sonrisa
que quería llegar
regalándome ese animalito,
para verlo caminar con gracia
o profundizarlo en una harina caliente.
La marzorca madura como un diente de niño,
en una gaveta con hormigas platicadas.
El símil de la gaveta como una culebra,
la del tamaño de un brazo, la que viruta
la lengua en su extensión doblada, la de los relojes
viejos, la temible,
y risible gaveta parlante.
Recorría los filos de la puerta,
para empezar a sentir, tapándome los ojos,
aunque lentamente me inmovilizaba,
que la parte restante pesaba más,
con la ligereza del peso de la lluvia
o las persianas del arpa.
En el patio asistían
la luna completa y los otros meteoros convidados.

Propicio era y mágico el itinerario de su costumbre.
Miraba la puerta,
pero el resto del cuerpo permanecía en lo restado,
como alguien que comienza a hablar,
que vuelve a reírse,
pero como se pasea entre la puerta
y lo otro restante,
parece que se ha ido, pero entonces vuelve.
Lo restante es Dios tal vez,
menos yo tal vez,
tal vez el raspado solar
y en él a horcajadas el yo tal vez.
A mi lado el otro cuerpo,
al respirar, mantenía la visión
pegada a la roca de la vaciedad esférica.
Se fue reduciendo
a un metal volante con los bordes
asaltados por la brevedad de las llamas,
a la evaporación de una pequeña
taza de café matinal,
a un cabello.

Mayo y 1971

La mujer y la casa

Hervías la leche
y seguías las aromosas costumbres del café.
Recorrías la casa
con una medida sin desperdicios.
Cada minucia un sacramento,
como una ofrenda al peso de la noche.
Todas tus horas están justificadas
al pasar del comedor a la sala,
donde están los retratos
que gustan de tus comentarios.
Fijas la ley de todos los días
y el ave dominical se entreabre
con los colores del fuego
y las espumas del puchero.
Cuando se rompe un vaso,
es tu risa la que tintinea.
El centro de la casa
vuela como el punto en la línea.
En tus pesadillas
llueve interminablemente
sobre la colección de matas
enanas y el flamboyán subterráneo.
Si te atolondraras,
el firmamento roto
en lanzas de mármol
se echaría sobre nosotros.

Febrero y 1976

Vicente Huidobro
1893-1948

Nació en Santiago de Chile en 1893, en el seno de una familia de la aristocracia criolla. A los 18 años publicó su primer libro de poemas. En 1913 fundó y dirigió la revista *Azul*, y en 1915 publicó un conjunto de crónicas en las que enjuició acremente a su familia y a su educación jesuita. Su padre, indignado, ordenó quemar la edición. Un año más tarde fue designado miembro de la legación chilena en París, donde se relacionó con los más significativos representantes de la vanguardia artística y literaria; fundó con Pierre Reverdy la revista *Nord-Sud*.

En 1925 publicó un encendido panfleto contra el colonialismo inglés. Ese mismo año volvió a Chile y los estudiantes lo proclamaron candidato a la presidencia. A fines de 1926 regresó a París, y permaneció en Europa por siete años.

En 1936 se adhirió a la causa republicana española y asistió al Congreso Mundial de Escritores Antifascistas realizado en Valencia. Vivió en Chile hasta 1941, año en que partió a Europa como corresponsal de guerra. En 1944 tomó parte en la batalla de Berlín y participó en su caída. Murió en 1948.

Obra poética:

Ecos del alma (1911)
La gruta del silencio (1913)
Canciones en la noche (1913)
Las pagodas ocultas (1914)
Adán (1916)
El espejo de agua (1916)
Horizon Carré (1917)
Tour Eiffel (1918)
Hallalí, poème de guerre (1918)
Ecuatorial (1918)
Poemas árticos (1918)
Saisons choisies (1921)
Automne régulier (1925)
Tout à coup (1925)
Altazor (1931)
Temblor de cielo (1931)
Ver y palpar (1941)
El ciudadano del olvido (1941)
Últimos poemas (póstumo-1948)

Arte poética

Que el verso sea como una llave
Que abra mil puertas.
Una hoja cae; algo pasa volando.
Cuanto miren los ojos creado sea,
Y el alma del oyente quede temblando.

Inventa mundos nuevos y cuida tu palabra;
El adjetivo, cuando no da vida, mata.
Estamos en el ciclo de los nervios.
El músculo cuelga,
Como recuerdo en los museos;
Mas no por eso tenemos menos fuerza:
El vigor verdadero
Reside en la cabeza.

Por qué cantáis la rosa, ¡oh Poetas!
Hacedla florecer en el poema;

Sólo para nosotros
Viven todas las cosas bajo el Sol.

El poeta es un pequeño Dios.

Ecuatorial

A Pablo Picasso

fragmentos

Era el tiempo en que se abrieron mis párpados sin alas
Y empecé a cantar sobre las lejanías desatadas

Saliendo de sus nidos
                Atruenan el aire las banderas

LOS HOMBRES
        ENTRE LA YERBA
                BUSCABAN LAS FRONTERAS

Sobre el campo banal
            el mundo muere
De las cabezas prematuras
              brotan alas ardientes
Y en la trinchera ecuatorial
              trizada a trechos
Bajo la sombra de aeroplanos vivos
Los soldados cantaban en las tardes duras

. . . .

Sobre el arco iris
        un pájaro cantaba

    Abridme la montaña

Por todas partes en el suelo
He visto alas de golondrinas
Y el Cristo que alzó el vuelo
Dejó olvidada la corona de espinas

      Sentados sobre el paralelo
      Miremos nuestro tiempo

SIGLO ENCADENADO EN UN ÁNGULO DEL MUNDO

       • • • •

Sobre el sendero equinoccial
Empecé a caminar

Cada estrella
       es un obús que estalla

Las plumas de mi garganta
Se entibiaron al sol
        que perdió un ala
El divino aeroplano
Traía un ramo de olivo entre las manos

       • • • •

Yo he embarcado también
Dejando mi arrecife vine a veros

Las gaviotas volaban en torno a mi sombrero

Y heme aquí
        de pie
                en otras bahías

            • • • •

Son los pájaros amados
Que en nuestras jaulas han cantado

Es el pájaro que duerme entre las ramas
Sin cubrir la cabeza bajo el ala

En las noches
              los aviones volaban junto al faro
El faro que agoniza al fondo de los años

Alguien amargado
               Las pupilas vacías
Lanzando al mar sus tristes días
Toma el barco

Partir
     Y de allá lejos
Mirar las ventanas encendidas
Y las sombras que cruzan los espejos

Horas

El villorrio
Un tren detenido sobre el llano

En cada charco
                duermen estrellas sordas

Y el agua tiembla
Cortinaje al viento

              La noche cuelga en la arboleda

En el campanario florecido

Una gotera viva
             desangra las estrellas

        De cuando en cuando
        Las horas maduras
                 caen sobre la vida

Altazor

fragmentos

Canto III

Romper las ligaduras de las venas
Los lazos de la respiración y las cadenas

De los ojos senderos de horizontes
Flor proyectada en cielos uniformes

El alma pavimentada de recuerdos
Como estrellas talladas por el viento

El mar es un tejado de botellas
Que en la memoria del marino sueña

Cielo es aquella larga cabellera intacta
Tejida entre manos de aeronauta

Y el avión trae un lenguaje diferente
Para la boca de los cielos de siempre

Cadenas de miradas nos atan a la tierra
Romped romped tantas cadenas

Vuela el primer hombre a iluminar el día
El espacio se quiebra en una herida

Y devuelve la bala al asesino
Eternamente atado al infinito

Cortad todas las amarras
De río mar o de montaña

De espíritu y recuerdo
De ley agonizante y sueño enfermo

Es el mundo que torna y sigue y gira
Es una última pupila

Mañana el campo
Seguirá los galopes del caballo

La flor se comerá a la abeja
porque el hangar será colmena

El arco-iris se hará pájaro
Y volará a su nido cantando

Los cuervos se harán planetas
Y tendrán plumas de hierba

Hojas serán las plumas entibiadas
Que caerán de sus gargantas

Las miradas serán ríos
Y los ríos heridas en las piernas del vacío

Conducirá el rebaño a su pastor
Para que duerma el día cansado como avión

· · · ·

Basta señora arpa de las bellas imágenes
De los furtivos comos iluminados
Otra cosa otra cosa buscamos
Sabemos posar un beso como una mirada
Plantar miradas como árboles
Enjaular árboles como pájaros

Regar pájaros como heliotropos
Tocar un heliotropo como una música
Vaciar una música como un saco
Degollar un saco como un pingüino
Cultivar pingüinos como viñedos
Ordeñar un viñedo como una vaca
Desarbolar vacas como veleros
Peinar un velero como un cometa
Desembarcar cometas como turistas
Embrujar turistas como serpientes
Cosechar serpientes como almendras
Desnudar una almendra como un atleta
Leñar atletas como cipreses
Iluminar cipreses como faroles
Anidar faroles como alondras
Exhalar alondras como suspiros
Bordar suspiros como sedas
Derramar sedas como ríos
Tremolar un río como una bandera
Desplumar una bandera como un gallo
Apagar un gallo como un incendio
Bogar en incendios como en mares
Segar mares como trigales
Repicar trigales como campanas
Desangrar campanas como corderos
Dibujar corderos como sonrisas
Embotellar sonrisas como licores
Engastar licores como alhajas
Electrizar alhajas como crepúsculos
Tripular crepúsculos como navíos
Descalzar un navío como un rey
Colgar reyes como auroras
Crucificar auroras como profetas
Etc. etc. etc.

Noche y día

Buenos días día
Buenas noches noche

El sombrero del día se levanta hacia la noche
El sombrero de la noche se baja hacia el día
Y yo paso como un árbol con el sombrero en la mano
Saludo a los amigos que llevan una flor en la mirada
Para ponerla en el sombrero de las niñas
Que van por la otra vereda

Buenos días día
Buenas noches noche
La que yo amo es hermosa
Como ese pájaro a la cabecera de la eternidad
Y sus ojos se encendían como una selva

El vendedor de otoños
Se va por el día hacia la noche
Es el árbol materno y el camino también
Son los ojos de la noche hacia el día
Es el árbol que cumple años y se festeja
O acaso el árbol que se defiende contra la tempestad

Buenos días día
No me hables de la que yo amo
Cuando sus ojos aparecen en la calle
Como la primavera de repente en todos los astros

Buenos días día
Cierra los labios de tu presencia
Es el sol que se degüella sobre las montañas del alba
O bien la tierra lujosa y apasionada
Pagando a precio de oro la primavera
Como yo pagaría tus labios al universo
Porque tú eres hermosa como las buenas tardes a la tarde
Y porque yo amo los relámpagos de tu piel
Cuando sales de tu realidad hacia mi boca
Entonces el piano desata su corazón
Y me dejo llevar río abajo

El tiempo tiene un sombrero nuevo de tiempo en tiempo
Y ceremonias de gruta con manto de cola y estalactitas
La gruta profunda como el reposo
La gruta que las estrellas están buscando desde largos años
Como la noche de mis piélagos internos y dolientes
Cuando la muerte se estrella en el campanario

Buenas noches noche
La gruta llora
La luna se cansa de nosotros
El único silencio
El silencio de los ojos como una flor adentro
El único silencio
El silencio de ese pedazo de la noche en donde tú estás de pie

Buenas noches noche
¿De dónde vienes? Qué tarde llegas
Es el ruido del viento que quiere pasar a través del agua
Y oír los murmullos de los peces
O bien la paloma de la soledad
O tal vez el cielo dispersando la tempestad
O mi alma tibia como una mano y arrullándose a sí misma
O la tempestad dispersando las estrellas
Las estrellas que se despiden con el sombrero en la mano
Y se van hacia la gruta de los sueños inmemoriales
La misma gruta que hemos descrito anteriormente

Pablo Neruda
1904-1973

Nació en Parral, Chile, en 1904. Su verdadero nombre era Neftalí Ricardo Reyes Basualto pero adoptó el seudónimo de Pablo Neruda en recuerdo del escritor checo Jan Neruda. A los 19 años publicó su primer libro de poemas. En 1927 fue nombrado cónsul en Rangún y permaneció en Asia durante cinco años. Posteriormente fue cónsul en Buenos Aires, Barcelona y Madrid. En España se relacionó con los poetas de la Generación del 27, entre ellos, Federico García Lorca, Rafael Alberti y Miguel Hernández. Dirigió la revista literaria *Caballo verde para la poesía*. Cuando estalló la Guerra Civil tomó partido por la República, por lo que fue destituido de su cargo. Regresó a Chile para dedicarse a escribir. En 1945 fue elegido senador por el Partido Comunista. Ese año obtuvo el Premio Nacional de Literatura. En 1948 fue desaforado como senador y perseguido por su gobierno. Viajó por todo el mundo y sus poemas fueron traducidos a múltiples lenguas. Volvió triunfalmente en 1952. En 1969 fue candidato a la presidencia de la república, pero renunció en favor de Salvador Allende. En 1971, recibió el Premio Nobel de Literatura. Murió el 23 de septiembre de 1973.

Obra poética:

Crepusculario (1923); *Veinte poemas de amor y una canción desesperada* (1924); *El habitante y su esperanza* (1925); *Tentativa del hombre infinito, Anillos* (1926); *El hondero entusiasta, Residencia en la tierra* (1933); *Tercera residencia* (1947); *Canto general* (1950); *Los versos del capitán* (1952); *Las uvas y el viento, Odas elementales* (1954); *Viajes* (1955); *Nuevas odas elementales* (1956); *Tercer libro de las odas* (1957); *Estravagario* (1958); *Navegaciones y regresos, Cien sonetos de amor* (1959); *Canción de gesta* (1960); *Las piedras de Chile, Cantos ceremoniales* (1961); *Plenos poderes* (1962); *Memorial de Isla Negra* (1964); *Arte de pájaros* (1966); *Fulgor y muerte de Joaquín Murieta, La Barcarola* (1967); *Las manos del día* (1968); *Comiendo en Hungría, Fin de mundo, Aun* (1969); *Maremoto, La espada encendida, Las piedras del cielo* (1970); *Geografía infructuosa, La rosa separada* (1972); *Incitación al nixonicidio y alabanza de la revolución chilena* (1973); *El mar y las campanas* (póstumo-1973); *2,000, Jardín de invierno, El corazón amarillo, Libro de las preguntas, Elegía, El mar y las campanas, Defectos escogidos* (póstumos-1974); *Para nacer he nacido* (póstumo-1978); *El río invisible* (póstumo-1980).

Poema 5

Para que tú me oigas
mis palabras
se adelgazan a veces
como las huellas de las gaviotas en las playas.

Collar, cascabel ebrio
para tus manos suaves como las uvas.

Y las miro lejanas mis palabras.
Más que mías son tuyas.
Van trepando en mi viejo dolor como las yedras.

Ellas trepan así por las paredes húmedas.
Eres tú la culpable de este juego sangriento.
Ellas están huyendo de mi guarida oscura.
Todo lo llenas tú, todo lo llenas.

Antes que tú poblaron la soledad que ocupas,
y están acostumbradas más que tú a mi tristeza.

Ahora quiero que digan lo que quiero decirte
para que tú las oigas como quiero que me oigas.

El viento de la angustia aún las suele arrastrar.
Huracanes de sueños aún a veces las tumban.
Escuchas otras veces en mi voz dolorida.
Llanto de viejas bocas, sangre de viejas súplicas.
Ámame, compañera. No me abandones. Sígueme.
Sígueme, compañera, en esa ola de angustia.

Pero se van tiñendo con tu amor mis palabras.
Todo lo ocupas tú, todo lo ocupas.

Voy haciendo de todas un collar infinito
para tus blancas manos, suaves como las uvas.

Poema 15

Me gustas cuando callas porque estás como ausente,
y me oyes desde lejos, y mi voz no te toca.
Parece que los ojos se te hubieran volado
y parece que un beso te cerrara la boca.

Como todas las cosas están llenas de mi alma
emerges de las cosas, llena del alma mía.
Mariposa de sueño, te pareces a mi alma,
y te pareces a la palabra melancolía.

Me gustas cuando callas y estás como distante.
Y estás como quejándote, mariposa en arrullo.
Y me oyes desde lejos, y mi voz no te alcanza:
Déjame que me calle con el silencio tuyo.

Déjame que te hable también con tu silencio
claro como una lámpara, simple como un anillo.
Eres como la noche, callada y constelada.
Tu silencio es de estrella, tan lejano y sencillo.

Me gustas cuando callas porque estás como ausente.
Distante y dolorosa como si hubieras muerto.
Una palabra entonces, una sonrisa bastan.
Y estoy alegre, alegre de que no sea cierto.

Poema 20

Puedo escribir los versos más tristes esta noche.

Escribir, por ejemplo: "La noche está estrellada,
y tiritan, azules, los astros, a lo lejos".

El viento de la noche gira en el cielo y canta.

Puedo escribir los versos más tristes esta noche.
Yo la quise, y a veces ella también me quiso.

En las noches como ésta la tuve entre mis brazos.
La besé tantas veces bajo el cielo infinito.

Ella me quiso, a veces yo también la quería.
Cómo no haber amado sus grandes ojos fijos.

Puedo escribir los versos más tristes esta noche.
Pensar que no la tengo. Sentir que la he perdido.

Oír la noche inmensa, más inmensa sin ella.
Y el verso cae al alma como al pasto el rocío.

Qué importa que mi amor no pudiera guardarla.
La noche está estrellada y ella no está conmigo.

Eso es todo. A lo lejos alguien canta. A lo lejos.
Mi alma no se contenta con haberla perdido.

Como para acercarla, mi mirada la busca.
Mi corazón la busca, y ella no está conmigo.

La misma noche que hace blanquear los mismos árboles.
Nosostros, los de entonces, ya no somos los mismos.

Ya no la quiero, es cierto, pero cuánto la quise.
Mi voz buscaba el viento para tocar su oído.

De otro. Será de otro. Como antes de mis besos.
Su voz, su cuerpo claro. Sus ojos infinitos.

Ya no la quiero, es cierto, pero tal vez la quiero.
Es tan corto el amor, y es tan largo el olvido.

Porque en noches como ésta, la tuve entre mis brazos,
mi alma no se contenta con haberla perdido.

Aunque éste sea el último dolor que ella me causa,
y éstos sean los últimos versos que yo le escribo.

Ángela adónica

Hoy me he tendido junto a una joven pura
como a la orilla de un océano blanco,
como en el centro de una ardiente estrella
de lento espacio.

De su mirada largamente verde
la luz caía como un agua seca,
en transparentes y profundos círculos
de fresca fuerza.

Su pecho como un fuego de dos llamas
ardía en dos regiones levantado,
y en doble río llegaba a sus pies,
grandes y claros.

Un clima de oro maduraba apenas
las diurnas longitudes de su cuerpo
llenándolo de frutas extendidas
y oculto fuego.

Walking around

Sucede que me canso de ser hombre.
Sucede que entro en las sastrerías y en los cines
marchito, impenetrable, como un cisne de fieltro
navegando en un agua de origen y ceniza.

El olor de las peluquerías me hace llorar a gritos.
Sólo quiero un descanso de piedras o de lana,
sólo quiero no ver establecimientos ni jardines,
ni mercaderías, ni anteojos, ni ascensores.

Sucede que me canso de mis pies y mis uñas
y mi pelo y mi sombra.
Sucede que me canso de ser hombre.

Sin embargo sería delicioso
asustar a un notario con un lirio cortado
o dar muerte a una monja con un golpe de oreja.
Sería bello
ir por las calles con un cuchillo verde
y dando gritos hasta morir de frío.

No quiero seguir siendo raíz en las tinieblas,
vacilante, extendido, tiritando de sueño,
hacia abajo, en las tripas mojadas de la tierra,
absorbiendo y pensando, comiendo cada día.

No quiero para mí tantas desgracias.
No quiero continuar de raíz y de tumba,
de subterráneo solo, de bodega con muertos
ateridos, muriéndome de pena.

Por eso el día lunes arde como el petróleo
cuando me ve llegar con mi cara de cárcel,
y aúlla en su transcurso como una rueda herida,
y da pasos de sangre caliente hacia la noche.

Y me empuja a ciertos rincones, a ciertas casas húmedas,
a hospitales donde los huesos salen por la ventana,
a ciertas zapaterías con olor a vinagre,
a calles espantosas como grietas.

Hay pájaros de color de azufre y horribles intestinos
colgando de las puertas de las casas que odio,
hay dentaduras olvidadas en una cafetera,
hay espejos
que debieran haber llorado de vergüenza y espanto,
hay paraguas en todas partes, y venenos, y ombligos.

Yo paseo con calma, con ojos, con zapatos,
con furia, con olvido,
paso, cruzo oficinas y tiendas de ortopedia,
y patios donde hay ropas colgadas de un alambre:
calzoncillos, toallas y camisas que lloran
lentas lágrimas sucias.

Alturas de Macchu Picchu

fragmentos

I

Del aire al aire, como una red vacía,
iba yo entre las calles y la atmósfera, llegando y despidiendo,
en el advenimiento del otoño la moneda extendida
de las hojas, y entre la primavera y las espigas,
lo que el más grande amor, como dentro de un guante
que cae, nos entrega como una larga luna.

(Días de fulgor vivo en la intemperie
de los cuerpos: aceros convertidos
al silencio del ácido:
noches desdichadas hasta la última harina:
estambres agredidos de la patria nupcial).

Alguien que me esperó entre los violines
encontró un mundo como una torre enterrada
hundiendo su espiral más abajo de todas
las hojas de color de ronco azufre:
más abajo, en el oro de la geología,
como una espada envuelta en meteoros,
hundí la mano turbulenta y dulce
en lo más genital de lo terrestre.

Puse la frente entre las olas profundas,
descendí como gota entre la paz sulfúrica,
y, como un ciego, regresé al jazmín
de la gastada primavera humana.

VI

Entonces en la escala de la tierra he subido
entre la atroz maraña de las selvas perdidas
hasta ti, Macchu Picchu.
Alta ciudad de piedras escalares,
por fin morada del que lo terrestre
no escondió en las dormidas vestiduras.
En ti, como dos líneas paralelas,
la cuna del relámpago y del hombre
se mecían en un viento de espinas.

Madre de piedra, espuma de los cóndores.

Alto arrecife de la aurora humana.

Pala perdida en la primera arena.

Ésta fue la morada, éste es el sitio:
aquí los anchos granos del maíz ascendieron
y bajaron de nuevo como granizo rojo.

Aquí la hebra dorada salió de la vicuña
a vestir los amores, los túmulos, las madres,
el rey, las oraciones, los guerreros.

Aquí los pies del hombre descansaron de noche
junto a los pies del águila, en las altas guaridas
carniceras, y en la aurora
pisaron con los pies del trueno la niebla enrarecida,
y tocaron las tierras y las piedras
hasta reconocerlas en la noche o la muerte.

Miro las vestiduras y las manos,
el vestigio del agua en la oquedad sonora,
la pared suavizada por el tacto de un rostro
que miró con mis ojos las lámparas terrestres,
que aceitó con mis manos las desaparecidas
maderas: porque todo, ropaje, piel, vasijas,
palabras, vino, panes,
se fue, cayó a la tierra.

Y el aire entró con dedos
de azahar sobre todos los dormidos:
mil años de aire, meses, semanas de aire,
de viento azul, de cordillera férrea,
que fueron como suaves huracanes de pasos
lustrando el solitario recinto de la piedra.

XII
Sube a nacer conmigo, hermano.

Dame la mano desde la profunda
zona de tu dolor diseminado.
No volverás del fondo de las rocas.
No volverás del tiempo subterráneo.
No volverá tu voz endurecida.
No volverán tus ojos taladrados.
Mírame desde el fondo de la tierra,
labrador, tejedor, pastor callado:
domador de guanacos tutelares:
albañil del andamio desafiado:

aguador de las lágrimas andinas:
joyero de los dedos machacados:
agricultor temblando en la semilla:
alfarero en tu greda derramado:
traed a la copa de esta nueva vida
vuestros viejos dolores enterrados.
Mostradme vuestra sangre y vuestro surco,
decidme: aquí fui castigado,
porque la joya no brilló o la tierra
no entregó a tiempo la piedra o el grano:
señaladme la piedra en que caísteis
y la madera en que os crucificaron,
encendedme los viejos pedernales,
las viejas lámparas, los látigos pegados
a través de los siglos en las llagas
y las hachas de brillo ensangrentado.
Yo vengo a hablar por vuestra boca muerta.
A través de la tierra juntad todos
los silenciosos labios derramados
y desde el fondo habladme toda esta larga noche
como si yo estuviera con vosotros anclado,
contadme todo, cadena a cadena,
eslabón a eslabón, y paso a paso,
afilad los cuchillos que guardasteis,
ponedlos en mi pecho y en mi mano,
como un río de rayos amarillos,
como un río de tigres enterrados,
y dejadme llorar, horas, días, años,
edades ciegas, siglos estelares.

Dadme el silencio, el agua, la esperanza.

Dadme la lucha, el hierro, los volcanes.

Apegadme los cuerpos como imanes.

Acudid a mis venas y a mi boca.

Hablad por mis palabras y mi sangre.

El viento en la isla

El viento es un caballo:
óyelo cómo corre
por el mar, por el cielo.

Quiere llevarme: escucha
cómo recorre el mundo
para llevarme lejos.

Escóndeme en tus brazos
por esta noche sola,
mientras la lluvia rompe
contra el mar y la tierra
su boca innumerable.

Escucha cómo el viento
me llama galopando
para llevarme lejos.

Con tu frente en mi frente,
con tu boca en mi boca,
atados nuestros cuerpos
al amor que nos quema,
deja que el viento pase
sin que pueda llevarme.

Deja que el viento corra
coronado de espuma,
que me llame y me busque
galopando en la sombra
mientras yo, sumergido
bajo tus grandes ojos,
por esta noche sola
descansaré, amor mío.

Oda a la tristeza

Tristeza, escarabajo
de siete patas rotas,
huevo de telaraña,
rata descalabrada,
esqueleto de perra:
Aquí no entras.
No pasas.
Ándate.
Vuelve
al sur con tu paraguas,
vuelve
al norte con tus dientes de culebra.
Aquí vive un poeta.
La tristeza no puede
entrar por estas puertas.
Por las ventanas
entra el aire del mundo,
las rojas rosas nuevas,
las banderas bordadas
del pueblo y sus victorias.

No puedes.
Aquí no entras.
Sacude
tus alas de murciélago,
yo pisaré las plumas
que caen de tu manto,
yo barreré los trozos
de tu cadáver hacia
las cuatro puntas del viento,
yo te torceré el cuello,
te coseré los ojos,
cortaré tu mortaja
y enterraré tus huesos roedores
bajo la primavera de un manzano.

Oda al diccionario

Lomo de buey, pesado
cargador, sistemático
libro espeso:
de joven
te ignoré, me vistió
la suficiencia
y me creí repleto,
y orondo como un
melancólico sapo
dictaminé: "Recibo
las palabras
directamente
del Sinaí bramante.
Reduciré
las formas a la alquimia.
Soy mago".

El gran mago callaba.

El Diccionario,
viejo y pesado, con su chaquetón
de pellejo gastado,
se quedó silencioso
sin mostrar sus probetas.
Pero un día,
después de haberlo usado
y desusado,
después
de declararlo

inútil y anacrónico camello,
cuando por largos meses, sin
            protesta,
me sirvió de sillón
y de almohada,
se rebeló y plantándose
en mi puerta
creció, movió sus hojas
y sus nidos,
movió la elevación de follaje:
árbol
era,
natural,
generoso
manzano, manzanar o manzanero,
y las palabras,
brillaban en su copa inagotable,
opacas o sonoras,
fecundas en la fronda del lenguaje,
cargadas de verdad y de sonido.

Aparto una
sola de
sus
páginas:
Caporal
Capuchón
qué maravilla
pronunciar estas sílabas

con aire,
y más abajo
Cápsula
hueca, esperando aceite o ambrosía,
y junto a ellas
Captura Capucete Capuchina
Caprario Captatorio
palabras
que se deslizan como suaves uvas
o que a la luz estallan
como gérmenes ciegos que esperaron
en las bodegas del vocabulario
y viven otra vez y dan la vida:
una vez más el corazón las quema.

Diccionario, no eres
tumba, sepulcro, féretro,
túmulo, mausoleo,
sino preservación,
fuego escondido,
plantación de rubíes,
perpetuidad viviente
de la esencia,
granero del idioma.
Y es hermoso
recoger en tus filas
la palabra
de estirpe,
la severa
y olvidada
sentencia,
hija de España,
endurecida
como reja de arado,
fija en su límite
de anticuada herramienta,
preservada
con su hermosura exacta
y su dureza de medalla.

O la otra
palabra
que allí vimos perdida
entre renglones
y que de pronto
se hizo sabrosa y lisa en nuestra boca
como una almendra
o tierna como un higo.

Diccionario, una mano
de tus mil manos, una
de tus mil esmeraldas,
una
sola
gota
de tus vertientes virginales,
un grano
de
tus
magnánimos graneros
en el momento
justo
a mis labios conduce,
al hilo de mi pluma,
a mi tintero.

De tu espesa y sonora
profundidad de selva,
dame,
cuando lo necesite,
un solo trino, el lujo
de una abeja, un fragmento caído
de tu antigua madera perfumada
por una eternidad de jazmineros,
una
sílaba,
un temblor, un sonido,
una semilla:
de tierra soy y con palabras canto.

Nicanor Parra
1914

Nació en 1914 en San Fabián de Alico, localidad cercana a Chillán, Chile. Su padre era profesor de primaria, además de músico. En 1927 la familia se instaló en Chillán. Nicanor asistió a varias escuelas de provincia, pero terminó los estudios secundarios en Santiago. Luego, estudió física y matemáticas en la Universidad de Chile, especializándose en Mecánica Racional. Recibió del extranjero becas de especialización, primero en Brown University de Providence, luego en la Universidad de Luisiana y, entre 1949 y 1951, en la Universidad de Oxford, Inglaterra. Paralelamente a sus estudios científicos, desarrolló un profundo interés por la poesía en lengua inglesa. Con su primer libro, *Cancionero sin nombre*, publicado en 1937, obtuvo el premio Municipal de Poesía, pero fue con su segundo libro, publicado casi veinte años después, que causó un gran impacto en la poesía hispanoamericana. Sus poemas fueron traducidos a diversas lenguas y en 1969 recibió el Premio Nacional de Literatura. Durante los años 80 su trabajo se enriqueció con los llamados "poemas objeto". Realizó varios viajes al exterior y se le otorgaron numerosas distinciones. En 1991 recibió el Premio de Literatura Latinoamericana y del Caribe "Juan Rulfo".

Obra poética:

Cancionero sin nombre (1937)

Poemas y antipoemas (1954)

La cueca larga (1958)

Versos de salón (1962)

Manifiesto (1963)

Canciones rusas (1967)

Poemas (1969)

Obra gruesa (1969)

Los profesores (1971)

Emergency poems (1972)

Antipoemas (1972)

Artefactos (1972)

Sermones y prédicas del Cristo de Elqui (1977)

Nuevos sermones y prédicas del Cristo de Elqui (1979)

El anti-Lázaro (1981)

Ecopoema de Nicanor Parra (1982)

Poema y antipoema a Eduardo Frei (1982)

Chistes para desorientar a la policía-poesía (1983)

Coplas de Navidad (anti-villancico) (1983)

Hojas de Parra (1985)

Poemas para combatir la calvicie (1993)

Hay un día feliz

A recorrer me dediqué esta tarde
Las solitarias calles de mi aldea
Acompañado por el buen crepúsculo
Que es el único amigo que me queda.
Todo está como entonces, el otoño
Y su difusa lámpara de niebla,
Sólo que el tiempo lo ha invadido todo
Con su pálido manto de tristeza.
Nunca pensé, creédmelo, un instante
Volver a ver esta querida tierra,
Pero ahora que he vuelto no comprendo
Cómo pude alejarme de su puerta.
Nada ha cambiado, ni sus casas blancas
Ni sus viejos portones de madera.
Todo está en su lugar; las golondrinas
En la torre más alta de la iglesia;
El caracol en el jardín; y el musgo
En las húmedas manos de las piedras.
No se puede dudar, éste es el reino
Del cielo azul y de las hojas secas
En donde todo y cada cosa tiene
Su singular y plácida leyenda:
Hasta en la propia sombra reconozco
La mirada celeste de mi abuela.
Éstos fueron los hechos memorables
Que presenció mi juventud primera,
El correo en la esquina de la plaza
Y la humedad en las murallas viejas.
¡Buena cosa, Dios mío!, nunca sabe

Uno apreciar la dicha verdadera,
Cuando la imaginamos más lejana
Es justamente cuando está más cerca.
Ay de mí, ¡ay de mí!, algo me dice
Que la vida no es más que una quimera;
Una ilusión, un sueño sin orillas,
Una pequeña nube pasajera.
Vamos por partes, no sé bien qué digo,
La emoción se me sube a la cabeza.
Como ya era la hora del silencio
Cuando emprendí mi singular empresa,
Una tras otra, en oleaje mudo,
Al establo volvían las ovejas.
Las saludé personalmente a todas
Y cuando estuve frente a la arboleda
Que alimenta el oído del viajero
Con su inefable música secreta
Recordé el mar y enumeré las hojas
En homenaje a mis hermanas muertas.
Perfectamente bien. Seguí mi viaje
Como quien de la vida nada espera.
Pasé frente a la rueda del molino,
Me detuve delante de una tienda:
El olor del café siempre es el mismo,
Siempre la misma luna en mi cabeza;
Entre el río de entonces y el de ahora
No distingo ninguna diferencia.
Lo reconozco bien, éste es el árbol
Que mi padre plantó frente a la puerta

(Ilustre padre que en sus buenos tiempos
Fuera mejor que una ventana abierta).
Yo me atrevo a afirmar que su conducta
Era un trasunto fiel de la Edad Media
Cuando el perro dormía dulcemente
Bajo el ángulo recto de una estrella.
A estas alturas siento que me envuelve
El delicado olor de las violetas
Que mi amorosa madre cultivaba
Para curar la tos y la tristeza.
Cuánto tiempo ha pasado desde entonces
No podría decirlo con certeza;
Todo está igual, seguramente,
El vino y el ruiseñor encima de la mesa,
Mis hermanos menores a esta hora
Deben venir de vuelta de la escuela:
¡Sólo que el tiempo lo ha borrado todo
Como una blanca tempestad de arena!

Autorretrato

Considerad, muchachos,
Este gabán de fraile mendicante:
Soy profesor en un liceo obscuro,
He perdido la voz haciendo clases.
(Después de todo o nada
Hago cuarenta horas semanales).
¿Qué les dice mi cara abofeteada?,
¡Verdad que inspira lástima mirarme!
Y qué les sugieren estos zapatos de cura
Que envejecieron sin arte ni parte.

En materia de ojos, a tres metros
No reconozco ni a mi propia madre
¿Qué me sucede? –¡Nada!
Me los he arruinado haciendo clases:
La mala luz, el sol,
La venenosa luna miserable.
Y todo ¡para qué!
Para ganar un pan imperdonable
Duro como la cara del burgués
Y con olor y con sabor a sangre.
¡Para qué hemos nacido como hombres
Si nos dan una muerte de animales!

Por el exceso de trabajo, a veces
Veo formas extrañas en el aire,
Oigo carreras locas,
Risas, conversaciones criminales.
Observad estas manos
Y estas mejillas blancas de cadáver,
Estos escasos pelos que me quedan.
¡Estas negras arrugas infernales!

Sin embargo yo fui tal como ustedes,
joven, lleno de bellos ideales,
Soñé fundiendo el cobre
Y limando las caras del diamante:
Aquí me tienen hoy
Detrás de este mesón inconfortable
Embrutecido por el sonsonete
De las quinientas horas semanales.

Cambios de nombre

A los amantes de las bellas letras
Hago llegar mis mejores deseos
Voy a cambiar de nombre a algunas cosas.

Mi posición es ésta:
El poeta no cumple su palabra
Si no cambia los nombres de las cosas.

¿Con qué razón el sol
Ha de seguir llamándose sol?
¡Pido que se le llame Micifuz
El de las botas de cuarenta leguas!

¿Mis zapatos parecen ataúdes?
Sepan que desde hoy en adelante
Los zapatos se llaman ataúdes.
Comuníquese, anótese y publíquese
Que los zapatos han cambiado de nombre:
Desde ahora se llaman ataúdes.

Bueno, la noche es larga
Todo poeta que se estime a sí mismo
Debe tener su propio diccionario
Y antes que se me olvide
Al propio dios hay que cambiarle nombre
Que cada cual lo llame como quiera:
Ése es un problema personal.

El hombre imaginario

El hombre imaginario
vive en una mansión imaginaria
rodeada de árboles imaginarios
a la orilla de un río imaginario

De los muros que son imaginarios
penden antiguos cuadros imaginarios
irreparables grietas imaginarias
que representan hechos imaginarios
ocurridos en mundos imaginarios
en lugares y tiempos imaginarios

Todas las tardes tardes imaginarias
sube las escaleras imaginarias
y se asoma al balcón imaginario
a mirar el paisaje imaginario
que consiste en un valle imaginario
circundado de cerros imaginarios

Sombras imaginarias
vienen por el camino imaginario
entonando canciones imaginarias
a la muerte del sol imaginario

Y en las noches de luna imaginaria
sueña con la mujer imaginaria
que le brindó su amor imaginario
vuelve a sentir ese mismo dolor
ese mismo placer imaginario
y vuelve a palpitar
el corazón del hombre imaginario

Epitafio

Yo soy Lucila Alcayaga
alias Gabriela Mistral
primero me gané el Nobel
y después el Nacional

a pesar de que estoy muerta
me sigo sintiendo mal
porque no me dieron nunca
el Premio Municipal

Luis Cardoza y Aragón
1904-1992

Nació en la ciudad de Antigua, Guatemala, en 1904, en donde vivió hasta su adolescencia bajo un gobierno tiránico y junto a un padre, abogado liberal, opositor al régimen. Durante la adolescencia vivió dos experiencias fundamentales en su vida: el derrocamiento del dictador y el terremoto de 1917, que destruyó Antigua. Es alrededor de esa época que comenzó a leer y a escribir sus primeros versos.

En 1920, viajó a Estados Unidos para estudiar medicina, pero al año abandonó la carrera y decidió dedicarse a la literatura. Viajó a París, en donde permaneció varios años. A los veinte años publicó su primer libro de poemas. Se instaló en México entre 1932 y 1944, cuando en su país natal una nueva dictadura le ofreció como alternativa, como él mismo dijo: "el destierro, el encierro o el entierro". Volvió a Guatemala para apoyar al gobierno que surgió de la rebelión contra la dictadura. Participó en varias actividades culturales y diplomáticas, pero un nuevo golpe de Estado lo obligó a volver a México y permanecer ahí hasta su muerte, en 1992.

Su prolífica obra se multiplicó hasta sumar decenas de libros de poesía, ensayo, crónica, prosa poética, crítica literaria y crítica de artes plásticas.

Obra poética:

Luna Park (1924)

Maelstrom (1926)

Entonces, sólo entonces (1933)

El sonámbulo (1937)

Pequeña sinfonía del Nuevo Mundo (1948)

Poesía (1948)

Elogio de la embriaguez (1960)

Pequeños poemas 1945-1964 (1964)

Dibujos de ciego (1969)

Quinta estación 1927-1930 (1972)

Arte poética (1973)

Poesías completas y algunas prosas (1977)

Obra poética (1992)

Lázaro (póstumo-1994)

Luna Park

fragmentos

6

Velocidad.
Visiones del África Ecuatorial
Con la Aurora boreal.
En la mañana de hoy
Estaba en Shangai.
Ayer dormí en Nueva York
¿Cenaré en París?
Babélica conflagración
De lenguas y de razas.
Tierra, Arca de Noé constante,
Esponja empapada de sangre y de sudor de hombres;
Bosques de chimeneas fumando,
Cirios de colosos
Que se acaban de apagar;
Ciudades que no duermen,
Ennegrecidas de carbón de piedra
Y olorosas a petróleo,
Sangre de la Tierra;
Nerviosidad en las clepsidras,
Pavor del minuto
Muerto sin vivirlo.
¡Pavor, pavor, pavor!
¡Alegría del minuto deleitado,
Tal un gajo del fruto de la Vida!

8

(A Jules Supervielle)

Havre.
Coruña.
Vladivostok.
Hamburgo.
Visiones de puertos lejanos.
Mar.
El Hudson.
New York.
"La libertad" que Francia diera con su antorcha en la mano
—¿Ofrecerán los galos a Don Quijote un aeroplano?—
Pueblos de América la ven con una espada.
Muelles:
54, 55, 56...
Índices que señalan rutas,
Pétalos de la Rosa de los Vientos.
Braman como toros de la cálida América,
Conmoviendo sus músculos de acero,
Los grandes transocéanicos.

Los veleros se han atado
Pañuelos blancos al cuello.

En las bahías,
Barcos soñolientos,
Fuman pipas bohemias
Y déjanse crecer melenas.

Coney Island
Y su barrio inmenso:
New York.
Por las noches:
Una fiesta pirotécnica.
En el día los enormes cubos
Comidos de ventanas,
Son tal las ciudades de cartón
De los mundos cinemáticos.
Torres de Babel,

      ("Casa de 50 pisos,

      . . . .

      . . . .

      . . . .

      y dolor, dolor, dolor !...")

          · · · ·

En el crepúsculo marino,
Un aeroplano se perdió un instante,
Y torpe voló como un murciélago;
Después, saeta,
Pájaro encandilado,
Fue a clavarse en la luna llena.

Recuerdo

Nací con la plena conciencia de que Dios se había equivocado en mí. Yo era una suma (¿o una resta?) mal hecha. Un error consciente del error de Dios. Iba a ser hembra –equilibrio estable– y estoy seguro de que, si no fuese varón, hoy sería una Ninón epicureamente insuperable o estaría ya en las fortificaciones. Soy una parábola fracasada.

(Escéptico y apasionado, un deseo imperioso de buscar el dolor y por todos lados, siempre, un sabor de cenizas.)

1

Sueño. Luna. Viento. Arena.

La muerte es compañía:
una presencia sin hueco,
compacta de alegría.

¡Oh soledad de la ausencia
móvil arena del río!

Ni en el sueño.
Ni en la vida.
Ni en lo que ya no vuelve.

Solo, sin soledad por compañía.
Me sueñan la luna, el viento y la arena.

¿En dónde estoy, amigos?

24

Tú, rosa, tú nada sabes,
cierta en tu cielo, intacta.

No estaba allí.
En otra parte.

Ni en la nube ni en la arena.
Ni en la raíz o la estrella.

Ni tu corazón ni el mío
¡ay! lo tenían.

Tú, amor, tú nada sabes.

No estaba allí,
en otra parte.

¡En otra parte!

25

Yo no sé lo que quiero.

Yo no sé lo que quiero.
porque aún no estoy muerto.
Pero siempre lo encuentro.

Ancla definitiva,
para saber la vida.

Amor, amor, amor.
Una nube en el viento.

Una nube en el viento,
para perder la vida.

Amor, muerte, amor,
para vencer la vida.

Amor, amor, amor.
Pero, nunca te encuentro.

¡Ah!

¡Qué laberinto
recto
de sol
céntrico!

Por mi
teléfono
rojo
me llamaba.

Una flor
llevaba
en la
mano
para
conocerme
a mí mismo.

Preguntaba
por mí
en los
muelles
donde
no estaba.

¡Qué laberinto
indescifrable
de vino
mítico!

Soñando
me veía
caminar
despierto.
Soñando
me veía
caminar
soñando.

Para
llegar
a tiempo
a ninguna
parte,
aprieto
el paso.

¿Para qué
buscarte?
Tú me
encuentras,
noche,
leona
negra.

Es el
presente
ciego
sagitario.

Es el
futuro
siempre
legendario.

Es el
pasado
sol
imaginario.
¡Qué flamígero
laberinto
viví!

¡Quiquiriquí!

Espejo

Mi sombra
muerta
me nombra
para que vuelva.

Asomado al espejo
nombro a mi sombra
se asombra mi sombra
de no ser mi eco.

Cuando se vio en el espejo
tan distinta era de mí
que no me reconocí
y no sé si estoy muerto.

Cuando la vi en el espejo
tan parecida era a mí
que no la reconocí.

Quinta estación

fragmento

III

Otoño sin espejos y sin lámparas
pareces un palacio sin ventanas.
Ciñe tu voz mural de cal y canto
de canto y cal y arena de las playas.

Las hojas que se pudren unifican
íntimos duelos en la flor postrera
desnuda hacia la muerte en el volumen
de su arquitectura y tu memoria.

Perfecto diapasón de los colores
¡oh mundo suave murmurado y lúcido
en equilibrio entre las dos violencias
qué serena y qué presente la estatua
de luna y de carey sobre tu plata
el árbol la manzana la tristeza!

Nada quieres Otoño satisfecho
tan sinuoso y consciente como estricto.
Otoño reflexivo ensimismado
en violado ceniza y amarillo.

Sol, aguamar y palmeras

Para nombrar a La Habana,
gloria morena y salada:
¡la espuma de las palabras!
Ya no caben los colores
en cielos, mares y tierras,
frutos, mujeres y flores.
Y un negro con su guitarra
la tarde clara desgarra:
desangra el paisaje sedas,
sol, aguamar y palmeras.

La mañana de platino,
suave como tu aliento.
¡Oh! qué pura claridad
rasgada hasta el infinito.
Oros de sol y zafiros
recortan mi pensamiento,
tu perfil y la ciudad
y el dulce globo del día:
¡están mis ojos azules
de mirar el mar y el cielo!

Era Cleopatra cubana
–Cipango de suavidades,
Aurora de cuerpo entero–
cálida mujer dorada
de madera de palmera.
Tal si mordido en el pecho,
en la tarde anaranjada,

verde, limón y morada,
pasa ululando el deseo
por las calles de La Habana.

Más que en flores renacieron
convertidas en palmeras
las muchachas que murieron.
De tanto danzar se ha vuelto
toda la falda hacia arriba
desnudando el cuerpo esbelto.
Llama roja de la rumba,
sabor de sol y de uva,
¡aún a la media noche
haces cantar las cigarras!

Cantos de grillo y estrellas
perforan la noche clara.
Visten nomás las sirenas
largos cabellos de algas,
laberintos de sonrisas
y copos de espumas gualdas.
El Morro atisba la linda
lunada y lustrosa pierna
que en la onda verde libera
mil espasmos esmeraldas.

Un negro con su guitarra
la tarde clara desgarra:
desangra el paisaje sedas,
sol, aguamar y palmeras,
Llama roja de la rumba:
de tanto danzar se ha vuelto
toda la falda hacia arriba
desnudando el cuerpo esbelto.
Cantos de grillos y estrellas
alumbran la noche alta.

fragmento

No escribo a mano
        en la máquina pongo
                la hoja en blanco
                        me dictan palabras
                                obedezco y escribo
                                        siguen otras palabras

                que me persiguen
                        que las persigo
                        que algo me piden

y se arrastran y saltan
        en un pie con un ala
                esperando las mías
                        casi las tengo ya
                                cuando mis manos
                                        en alto están

vuelan más bajo
        más alto vuelan
                cuando mis manos sirven
                        para un carajo

las cogí ya
aquí están
        (para un carajo).

Carlos Pellicer

1899-1977

Nació en Villahermosa, Tabasco, en 1899. Desde muy joven combinó los estudios con los viajes, desarrollando por ellos una pasión que sería parte esencial de su carácter y de sus propósitos vitales. Trabajó como director del Departamento de Bellas Artes y su interés por la pintura y la arqueología lo llevaron a especializarse en museografía.

En 1953 fue nombrado miembro de la Academia Mexicana de la Lengua y en 1964 obtuvo el Premio Nacional de Literatura.

Perteneció a la generación de Los Contemporáneos, sobresaliendo por la gran variedad de temas que aborda en la poesía. Se dice que sus poemas están basados en el sentido de la vista: según sus medidas e intenciones, pueden verse como cuadros al óleo o como murales. Es uno de los representantes más altos de la lírica mexicana. Murió en·1977.

Obra poética:

Colores en el mar y otros poemas (1921)
6, 7 poemas (1924)
Piedra de sacrificios (1924)
Hora y 20 (1927)
Camino (1929)
Hora de junio (1937)
Exágonos (1941)
Recinto y otras imágenes (1941)
Subordinaciones (1949)
Práctica de vuelo (1956)
Material poético: 1918-1961 (1962)
Con palabras y fuego (1963)
*Teotihuacán, y 13 de agosto:
    ruinas de Tenochtitlán* (1965)
Primera antología poética (1969)
Cosillas para el nacimiento (póstumo-1978)
Obras (póstumo-1981)

Recuerdos de Iza

Un pueblecito de los Andes

1   Creeríase que la población,
    después de recorrer el valle,
    perdió la razón
    y se trazó una sola calle.

2   Y así bajo la cordillera
    se apostó febrilmente como la primavera.

3   En sus ventas el alcohol
    está mezclado con sol.

4   Sus mujeres y sus flores
    hablan el dialecto de los colores.

5   Y el riachuelo que corre como un caballo,
    arrastra las gallinas en febrero y en mayo.

6   Pasan por la acera
    lo mismo el cura, que la vaca y que la luz postrera.

7   Aquí no suceden cosas
    de mayor trascendencia que las rosas.

8   Como amenaza lluvia,
    se ha vuelto morena la tarde que era rubia.

9   Parece que la brisa
    estrena un perfume y un nuevo giro.

10 Un cantar me despliega una sonrisa
    y me hunde un suspiro.

Deseos

A Salvador Novo

Trópico, para qué me diste
las manos llenas de color.
Todo lo que yo toque
se llenará de sol.
En las tardes sutiles de otras tierras
pasaré con mis ruidos de vidrio tornasol.
Déjame un solo instante
dejar de ser grito y color.
Déjame un solo instante
cambiar de clima el corazón,
beber la penumbra de una cosa desierta,
inclinarme en silencio sobre un remoto balcón,
ahondarme en el manto de pliegues finos,
dispersarme en la orilla de una suave devoción,
acariciar dulcemente las cabelleras lacias
y escribir con un lápiz muy fino mi meditación.
¡Oh, dejar de ser un solo instante
el Ayudante de Campo del sol!
¡Trópico, para qué me diste
las manos llenas de color!

Grupos de palomas

A la Sra. Lupe Medina de Ortega

1

Los grupos de palomas,
notas, claves, silencios, alteraciones,
modifican el ritmo de la loma.
La que se sabe tornasol afina
las ruedas luminosas de su cuello
con mirar hacia atrás a su vecina.
Le da al sol la mirada
y escurre en una sola pincelada
plan de vuelos a nubes campesinas.

2

La gris es una joven extranjera
cuyas ropas de viaje
dan aire de sorpresas al paisaje
sin compradoras y sin primaveras.

3

Hay una casi negra
que bebe astillas de agua en una piedra.
Después se pule el pico,
mira sus uñas, ve las de las otras,
abre un ala y la cierra, tira un brinco
y se para debajo de las rosas.
El fotógrafo dice:
para el jueves, señora.
Un palomo amontona sus *erres* cabeceadas,
y ella busca alfileres
en el suelo que brilla por nada.

Los grupos de palomas
—notas, claves, silencios, alteraciones—
modifican lugares de la loma.

4
La inevitablemente blanca
sabe su perfección. Bebe en la fuente
y se bebe a sí misma y se adelgaza
cual un poco de brisa en una lente
que recoge el paisaje.
Es una simpleza
cerca del agua. Inclina la cabeza
con tal dulzura,
que la escritura desfallece
en una serie de sílabas maduras.

5
Corre un automóvil y las palomas vuelan.
En la aritmética del vuelo,
los *ocho* árabes desdóblanse
y la suma es impar. Se mueve el cielo
y la casa se vuelve redonda.
Un viraje profundo.
Regresan las palomas.
Notas. Claves. Silencios. Alteraciones.
El lápiz se descubre, se inclinan las lomas
y por 20 centavos se cantan las canciones.

Estudio

A Carlos Chávez

La sandía pintada de prisa
contaba siempre
los escandalosos amaneceres
de mi señora
la aurora.

Las piñas saludaban el mediodía.
Y la sed de grito amarillo
se endulzaba en doradas melodías.

Las uvas eran gotas enormes
de una tinta esencial,
y en la penumbra de los vinos bíblicos
crecía suavemente su tacto de cristal.

¡Estamos tan contentas de ser así!
dijeron las peras frías y cinceladas.

Las manzanas oyeron estrofas persas
cuando vieron llegar a las granadas.

Las que usamos ropa interior de seda...
dijo una soberbia guanábana.

Pareció de repente que los muebles crujían...
Pero ¡si es más el ruido que las nueces!
dijeron los silenciosos chicozapotes
llenos de cosas de mujeres.

Salían
de sus *eses* redondas las naranjas.

Desde un cuchillo de obsidiana
reía el sol la escena de las frutas.

Y la ventana abierta hacía entrar la montaña
con los pequeños viajes de sus rutas.

Regina Coeli

III

Coronación, espíritu y presencia.
Reflejo del Espejo sin distancia.
El color imposible y su fragancia
y su tacto y su eco y su cadencia.

Era el color de la innombrable Esencia,
centro de la espiral que es la Sustancia,
orden que multiplica su abundancia,
perfección de divina consecuencia.

Todo lo que es capaz de ser anuncia
su nombre. ¡Cuánto y cómo lo pronuncia!
Se enciende un nuevo sol. El Universo

siente la vibración; y la conciencia
tiembla en cada palabra, y verso a verso
busca su punto en la circunferencia.

Las Lomas, mayo y junio de 1940

Hermano Sol

(de *Sonetos fraternales*)

Hermano Sol, cuando te plazca, vamos
a colocar la tarde donde quieras.
Tiene la milpa edad para que hicieras
con puñados de luz sonoros tramos.

Si en la última piedra nos sentamos
verás cómo caminan las hileras
y las hormigas de tu luz raseras
moverán prodigiosos miligramos.

Se fue haciendo la tarde con las flores
silvestres. Y unos cuantos resplandores
sacaron de la luz el tiempo oscuro.

Que acomodó el silencio; con las manos
encendimos la estrella y como hermanos
caminamos detrás de un hondo muro.

El viaje

Y moví mis enérgicas piernas de caminante
y al monte azul tendí.
Cargué la noche entera en mi dorso de Atlante.
Cantaron los luceros para mí.

Amaneció en el río y lo crucé desnudo
y chorreando la aurora en todo el monte hendí.
Y era el sabor sombrío que da el cacao crudo
cuando al mascar lo muelen los dientes del tapir.

Pidió la luz un hueco para saldar su cuenta
(ya llevaba un puñado de amanecer en mí).
Apretaron los cedros su distancia, y violenta
reunió la sombra el rayo de luz que yo partí.

Sobre las hojas muertas de cien siglos, acampo.
Vengo de la montaña y el azul retoñé.
Arqueo en claro círculo la horizontal del campo.
Sube, sobre mis piernas, todo el cuerpo que alcé.
Rodea el valle. Hablo,
y alrededor, la vida, sabe lo que yo sé.

Octavio Paz
1914

Nació en la ciudad de México, en 1914. Cursó estudios de Derecho en la Universidad Nacional Autónoma de México y estudios especializados en literatura en México, Estados Unidos, París y Japón. Formó parte de la generación de *Taller*, que fue además de una revista, uno de los movimientos literarios más importantes de México.

En 1937 viajó a España en donde hizo amistad con varios intelectuales republicanos. En 1945 ingresó al servicio exterior mexicano. Residió en París, participando en el movimiento surrealista, y luego en Japón e India. En 1976 fundó y dirigió la revista *Plural* y años más tarde la revista *Vuelta*, que todavía dirije.

Ha publicado más de veinte libros de poesía e innumerables ensayos sobre literatura, arte, cultura y política. Es uno de los intelectuales más importantes de México y uno de los mayores poetas del mundo. En 1990 obtuvo el Premio Nobel de Literatura.

Obra poética:

Luna silvestre (1933)
Raíz del hombre (1937)
Bajo tu clara sombra y otros poemas sobre España (1938)
Entre la piedra y la flor (1941)
A la orilla del mundo (1942)
Libertad bajo palabra (1949)
¿Águila o sol? (1951)
Semillas para un himno (1955)
La estación violenta (1958)
Salamandra (1962)
Blanco (1967)
Discos visuales (1968)
Ladera Este (1969)
Topoemas (1971)
Pasado en claro (1975)
Vuelta (1976)
Libertad bajo palabra: 1935-1957 (1968)
Poemas: 1933-1975 (1979)
Árbol adentro (1987)

Libertad bajo palabra

Allá, donde terminan las fronteras, los caminos se borran. Donde empieza el silencio. Avanzo lentamente y pueblo la noche de estrellas, de palabras, de la respiración de un agua remota que me espera donde comienza el alba.

Invento la víspera, la noche, el día siguiente que se levanta en su lecho de piedra y recorre con ojos límpidos un mundo penosamente soñado. Sostengo al árbol, a la nube, a la roca, al mar, presentimiento de dicha, invenciones que desfallecen y vacilan frente a la luz que disgrega.

Y luego la sierra árida, el caserío de adobe; la minuciosa realidad de un charco y un pirú estólido, de unos niños idiotas que me apedrean, de un pueblo rencoroso que me señala. Invento el terror, la esperanza, el mediodía –padre de los delirios solares, de las falacias espejeantes, de las mujeres que castran a sus amantes de una hora.

Invento la quemadura y el aullido, la masturbación en las letrinas, las visiones en el muladar, la prisión, el piojo y el chancro, la pelea por la sopa, la delación, los animales viscosos, los contactos innobles, los interrogatorios nocturnos, el examen de conciencia, el juez, la víctima, el testigo. Tú eres esos tres. ¿A quién apelar ahora y con qué argucias destruir al que te acusa? Inútiles los memoriales, los ayes y los alegatos. Inútil tocar a puertas condenadas. No hay puertas, hay espejos. Inútil cerrar los ojos o volver entre los hombres: esta lucidez ya no me abandona. Romperé los espejos, haré trizas mi imagen –que cada mañana rehace piadosamente mi cómplice, mi delator. La soledad de la conciencia y la conciencia de la soledad, el día a pan y agua, la noche sin agua. Sequía, campo arrasado por un sol sin párpados, ojo atroz, oh conciencia, presente puro donde pasado y porvenir arden sin fulgor ni esperanza. Todo desemboca en esta eternidad que no desemboca.

Allá, donde los caminos se borran, donde acaba el silencio, invento la desesperación, la mente que me concibe, la mano que me dibuja, el ojo que me descubre. Invento al amigo que me inventa, mi semejante; y a la mujer, mi contrario: torre que corono de banderas, muralla que escalan mis espumas, ciudad devastada que renace lentamente bajo la dominación de mis ojos.

Contra el silencio y el bullicio invento la Palabra, libertad que se inventa y me inventa cada día.

Lección de cosas
fragmentos

En Uxmal

2
Mediodía
La luz no parpadea,
el tiempo se vacía de minutos,
se ha detenido un pájaro en el aire.

6
Visión
Me vi al cerrar los ojos:
espacio, espacio
donde estoy y no estoy.

7
Paisaje
Los insectos atareados,
los caballos color de sol,
los burros color de nube,
las nubes, rocas enormes que no pesan,
los montes como cielos desplomados,
la manada de árboles bebiendo en el arroyo,
todos están ahí dichosos en su estar,
frente a nosotros que no estamos,
comidos por la rabia, por el odio,
por el amor comidos, por la muerte.

Piedra de sol

fragmentos

un sauce de cristal, un chopo de agua,
un alto surtidor que el viento arquea,
un árbol bien plantado mas danzante,
un caminar de río que se curva,
avanza, retrocede, da un rodeo
y llega siempre:

                 un caminar tranquilo
de estrella o primavera sin premura,
agua que con los párpados cerrados
mana toda la noche profecías,
unánime presencia en oleaje,
ola tras ola hasta cubrirlo todo,
verde soberanía sin ocaso
como el deslumbramiento de las alas
cuando se abren en mitad del cielo,

un caminar entre las espesuras
de los días futuros y el aciago
fulgor de la desdicha como un ave
petrificando el bosque con su canto
y las felicidades inminentes
entre las ramas que se desvanecen,
horas de luz que pican ya los pájaros,
presagios que se escapan de la mano,

una presencia como un canto súbito,
como el viento cantando en el incendio,
una mirada que sostiene en vilo
al mundo con sus mares y sus montes,

cuerpo de luz filtrada por un ágata,
piernas de luz, vientre de luz, bahías,
roca solar, cuerpo color de nube,
color de día rápido que salta,
la hora centellea y tiene cuerpo,
el mundo ya es visible por tu cuerpo,
es transparente por tu transparencia,

voy entre galerías de sonidos,
fluyo entre las presencias resonantes,
voy por las transparencias como un ciego,
un reflejo me borra, nazco en otro,
oh bosque de pilares encantados,
bajo los arcos de la luz penetro
los corredores de un otoño diáfano,

voy por tu cuerpo como por el mundo,
tu vientre es una plaza soleada,
tus pechos dos iglesias donde oficia
la sangre sus misterios paralelos,
mis miradas te cubren como yedra,
eres una ciudad que el mar asedia,
una muralla que la luz divide
en dos mitades de color durazno,
un paraje de sal, rocas y pájaros
bajo la ley del mediodía absorto,

vestida del color de mis deseos
como mi pensamiento vas desnuda,
voy por tus ojos como por el agua,
los tigres beben sueño en esos ojos,
el colibrí se quema en esas llamas,

voy por tu frente como por la luna,
como la nube por tu pensamiento,
voy por tu vientre como por tus sueños,

tu falda de maíz ondula y canta,
tu falda de cristal, tu falda de agua,
tus labios, tus cabellos, tus miradas,
toda la noche llueves, todo el día
abres mi pecho con tus dedos de agua,
cierras mis ojos con tu boca de agua,
sobre mis huesos llueves, en mi pecho
hunde raíces de agua un árbol líquido,

voy por tu talle como por un río,
voy por tu cuerpo como por un bosque,
como por un sendero en la montaña
que en un abismo brusco se termina,
voy por tus pensamientos afilados
y a la salida de tu blanca frente
mi sombra despeñada se destroza,
recojo mis fragmentos uno a uno
y prosigo sin cuerpo, busco a tientas,

. . . .

busco sin encontrar, escribo a solas,
no hay nadie, cae el día, cae el año,
caigo con el instante, caigo a fondo,
invisible camino sobre espejos
que repiten mi imagen destrozada,
piso días, instantes caminados,
piso los pensamientos de mi sombra,
piso mi sombra en busca de un instante,

busco una fecha viva como un pájaro,
busco el sol de las cinco de la tarde
templado por los muros de tezontle:
la hora maduraba sus racimos
y al abrirse salían las muchachas
de su entraña rosada y se esparcían
por los patios de piedra del colegio,
alta como el otoño caminaba
envuelta por la luz bajo la arcada
y el espacio al ceñirla la vestía
de una piel más dorada y transparente,

tigre color de luz, pardo venado
por los alrededores de la noche,
entrevista muchacha reclinada
en los balcones verdes de la lluvia,
adolescente rostro innumerable,
he olvidado tu nombre, Melusina,
Laura, Isabel, Perséfona, María,
tienes todos los rostros y ninguno,
eres todas las horas y ninguna,
te pareces al árbol y a la nube,
eres todos los pájaros y un astro,
te pareces al filo de la espada
y a la copa de sangre del verdugo,
yedra que avanza, envuelve y desarraiga
al alma y la divide de sí misma.

. . . .

Aquí

Mis pasos en esta calle
Resuenan
        En otra calle
Donde
      Oigo mis pasos
Pasar en esta calle
Donde

Sólo es real la niebla

Reversible

En el espacio
        Estoy
Dentro de mí
        El espacio
Fuera de mí
        El espacio
En ningún lado
        Estoy
Fuera de mí
        En el espacio
Dentro
        Está el espacio
Fuera de sí
        En ningún lado
Estoy
        En el espacio
Etcétera

Canción mexicana

Mi abuelo, al tomar el café,
Me hablaba de Juárez y de Porfirio,
Los zuavos y los plateados.
Y el mantel olía a pólvora.

Mi padre, al tomar la copa,
Me hablaba de Zapata y Villa,
Soto y Gama y los Flores Magón.
Y el mantel olía a polvora.

Yo me quedo callado:
¿De quién podría hablar?

Aparición

Si el hombre es polvo
esos que andan por el llano
son hombres

Pasaje

Más que aire
        Más que agua
Más que labios
        Ligera ligera
Tu cuerpo es la huella de tu cuerpo

Blanco

fragmentos

el comienzo
        el cimiento
la simiente
        latente
la palabra en la punta de la lengua
inaudita   inaudible
        impar
grávida   nula
      sin edad
la enterrada con los ojos abiertos
inocente   promiscua
      la palabra
sin nombre   sin habla

          . . . .

Paramera abrasada
del amarillo al encarnado
la tierra es un lenguaje calcinado.
Hay púas invisibles, hay espinas
en los ojos.
      En un muro rosado
tres buitres ahítos.
No tiene cuerpo ni cara ni alma,
está en todas partes,
a todos nos aplasta:
          este sol es injusto.
La rabia es mineral.
        Los colores
se obstinan.
      Se obstina el horizonte.

Tambores tambores tambores.
El cielo se ennegrece

                como esta página.
Dispersión de cuervos.
Inminencia de violencias violetas.
Se levantan los arenales,
la cerrazón de reses de ceniza.
Mugen los árboles encadenados.
Tambores tambores tambores.
Te golpeo cielo,

                tierra te golpeo.
Cielo abierto, tierra cerrada,
flauta y tambor, centella y trueno,
te abro, te golpeo.

                Te abres, tierra,
tienes la boca llena de agua,
tu cuerpo chorrea cielo,
tierra, revientas,
tus semillas estallan

                verdea la palabra

            • • • •

Apariciones y desapariciones.
El espíritu
Es una invención del cuerpo
El cuerpo
Es una invención del mundo
El mundo
Es una invención del espíritu
No   Sí
   Irrealidad de lo mirado
La transparencia es todo lo que queda

Como quien oye llover

Óyeme como quien oye llover
ni atenta ni distraída,
pasos leves, llovizna,
agua que es aire, aire que es tiempo,
el día no acaba de irse,
la noche no llega todavía,
figuraciones de la niebla
al doblar la esquina,
figuraciones del tiempo
en el recodo de esta pausa,
óyeme como quien oye llover,
sin oírme, oyendo lo que digo
con los ojos abiertos hacia adentro,
dormida con los cinco sentidos despiertos,
llueve, pasos leves, rumor de sílabas,
aire y agua, palabras que no pesan:
lo que fuimos y somos,
los días y los años, este instante,
tiempo sin peso, pesadumbre enorme,
óyeme como quien oye llover,
relumbra el asfalto húmedo,
el vaho se levanta y camina,
la noche se abre y me mira,
eres tú y tu talle de vaho,
tú y tu cara de noche,
tú y tu pelo, lento relámpago,
cruzas la calle y entras en mi frente,

pasos de agua sobre mis párpados,
óyeme como quien oye llover,
el asfalto relumbra, tú cruzas la calle,
es la niebla errante en la noche,
es la noche dormida en tu cama,
es el oleaje de tu respiración,
tus dedos de agua mojan mi frente,
tus dedos de llama queman mis ojos,
tus dedos de aire abren los párpados del tiempo,
manar de apariciones y resurrecciones,
óyeme como quien oye llover,
pasan los años, regresan los instantes,
¿oyes tus pasos en el cuarto vecino?
no aquí ni allá: los oyes
en otro tiempo que es ahora mismo,
oye los pasos del tiempo
inventor de lugares sin peso ni sitio,
oye la lluvia correr por la terraza,
la noche ya es más noche en la arboleda,
en los follajes ha anidado el rayo,
vago jardín a la deriva
—entra, tu sombra cubre esta página.

Jaime Sabines
1926

Nació en Tuxtla Gutiérrez, México, en 1926. Hizo sus primeros estudios en un instituto de ciencias y artes, luego ingresó a la Facultad de Medicina y finalmente realizó estudios superiores de literatura en la Universidad Nacional Autónoma de México. Durante distintas épocas de su vida ha participado en actividades políticas: fue diputado federal por su estado natal entre 1976 y 1979, y senador de la República de 1988 a 1990.

Sin embargo, las letras siempre han sido su interés fundamental. Ha obtenido varios premios literarios y una beca del Centro Mexicano de Escritores. Es considerado por la crítica literaria como uno de los poetas más destacados de México.

Obra poética:

Horal (1950)
La señal (1951)
Adán y Eva (1952)
Tarumba (1956)
Diario semanario y poemas en prosa (1961)
Poemas sueltos (1962)
Yuria (1967)
Maltiempo (1972)
Algo sobre la muerte del mayor Sabines (1973)
Nuevo recuento de poemas (1977)
Poemas sueltos (1981)

El día

Amaneció sin ella.
Apenas si se mueve.
Recuerda.

(Mis ojos, más delgados,
la sueñan.)

¡Qué fácil es la ausencia!

En las hojas del tiempo
esa gota del día
resbala, tiembla.

Yo no lo sé de cierto...

Yo no lo sé de cierto, pero supongo
que una mujer y un hombre
algún día se quieren,
se van quedando solos poco a poco,
algo en su corazón les dice que están solos,
solos sobre la tierra se penetran,
se van matando el uno al otro.

Todo se hace en silencio. Como
se hace la luz dentro del ojo.
El amor une cuerpos.
En silencio se van llenando el uno al otro.

Cualquier día despiertan, sobre brazos;
piensan entonces que lo saben todo.
Se ven desnudos y lo saben todo.

(Yo no lo sé de cierto. Lo supongo)

Los amorosos

Los amorosos callan.
El amor es el silencio más fino,
el más tembloroso, el más insoportable.
Los amorosos buscan,
los amorosos son los que abandonan,
son los que cambian, los que olvidan.
Su corazón les dice que nunca han de encontrar,
no encuentran, buscan.

Los amorosos andan como locos
porque están solos, solos, solos.
entregándose, dándose a cada rato,
llorando porque no salvan al amor.
Les preocupa el amor. Los amorosos
viven al día, no pueden hacer más, no saben.
Siempre se están yendo,
siempre, hacia alguna parte.
Esperan,
no esperan nada, pero esperan.
Saben que nunca han de encontrar.
El amor es la prórroga perpetua,
siempre el paso siguiente, el otro, el otro.
Los amorosos son los insaciables,
los que siempre —¡que bueno!— han de estar solos.

Los amorosos son la hidra del cuento.
Tienen serpientes en lugar de brazos.
Las venas del cuello se les hinchan
también como serpientes para asfixiarlos.

Los amorosos no pueden dormir
porque si se duermen se los comen los gusanos.

En la obscuridad abren los ojos
y les cae en ellos el espanto.

Encuentran alacranes bajo la sábana
y su cama flota como sobre un lago.

Los amorosos son locos, sólo locos,
sin Dios y sin diablo.

Los amorosos salen de sus cuevas
temblorosos, hambrientos,
a cazar fantasmas.
Se ríen de las gentes que lo saben todo,
de las que aman a perpetuidad, verídicamente,
de las que creen en el amor como en una lámpara de inagotable aceite.

Los amorosos juegan a coger el agua,
a tatuar el humo, a no irse.
Juegan el largo, el triste juego del amor.
Nadie ha de resignarse.
Dicen que nadie ha de resignarse.
Los amorosos se avergüenzan de toda conformación.

Vacíos, pero vacíos de una a otra costilla,
la muerte les fermenta detrás de los ojos,
y ellos caminan, lloran hasta la madrugada
en que trenes y gallos se despiden dolorosamente.

Les llega a veces un olor a tierra recién nacida,
a mujeres que duermen con la mano en el sexo, complacidas,
a arroyos de agua tierna y a cocinas.
Los amorosos se ponen a cantar
entre labios
una canción no aprendida.
Y se van llorando, llorando
la hermosa vida.

Qué risueño contacto

¡Qué risueño contacto el de tus ojos,
ligeros como palomas asustadas a la orilla del agua!
¡Qué rápido contacto el de tus ojos
con mi mirada!

¿Quién eres tú? ¡Qué importa!
A pesar de ti misma.
hay en tus ojos una breve palabra
enigmática.
No quiero saberla. Me gustas
mirándome de lado, escondida, asustada.
Así puedo pensar que huyes de algo,
de mí o de ti, de nada,
de esas tentaciones que dicen que persiguen a la mujer casada.

Juguetería y canciones

Buenos días, memoria terca,
buenos días, sangre seca,
buenos días, hueso acostado,
buenos días, aire sin mano.

(Pensar es hacer burbujas
con el corazón ahogándose.)

Buenos días, amapola,
buenos, señor oceánico,
buenos, piedra, buenos días
(¿por qué me han de dar de palos?),
tengo unas manos espléndidas
y me sobra mi tamaño.

Buenos días, doña sombra,
don árbol seco y parado,
buenos días, llano grande,
aquí, cajita del rayo,
pareces, nube, una nube
(¿quién es un barril sin aros?),
buenos días, papaoscuro,
buenos, señor cercano.

Algo sobre la muerte del mayor Sabines

fragmentos

Primera parte

II

Del mar, también del mar,
de la tela del mar que nos envuelve,
de los golpes del mar y de su boca,
de su vagina obscura,
de su vómito,
de su pureza tétrica y profunda,
vienen la muerte, Dios, el aguacero
golpeando las persianas,
la noche, el viento.

De la tierra también,
de las raíces agudas de las casas,
del pie desnudo y sangrante de los árboles,
de algunas rocas viejas que no pueden moverse,
de lamentables charcos, ataúdes del agua,
de troncos derribados en que ahora duerme el rayo,
y de la yerba, que es la sombra de las ramas del cielo,
viene Dios, el manco de cien manos,
ciego de tantos ojos,
dulcísimo, impotente.
(Omniausente, lleno de amor,
el viejo sordo, sin hijos,
derrama su corazón en la copa de su vientre.)

De los huesos también,
de la sal más entera de la sangre,
del ácido más fiel,
del alma más profunda y verdadera,
del alimento más entusiasmado,
del hígado y del llanto,
viene el oleaje tenso de la muerte,
el frío sudor de la esperanza,
y viene Dios riendo.
Caminan los libros a la hoguera.
Se levanta el telón: aparece el mar.

(Yo no soy el autor del mar.)

V
De las nueve de la noche en adelante
viendo la televisión y conversando
estoy esperando la muerte de mi padre.
Desde hace tres meses, esperando.
En el trabajo y en la borrachera,
en la cama sin nadie y en el cuarto de niños,
en su dolor tan lleno y derramado,
su no dormir, su queja y su protesta,
en el tanque de oxígeno y las muelas
del día que amanece, buscando la esperanza.

Mirando su cadáver en los huesos
que es ahora mi padre,
e introduciendo agujas en las escasas venas,
tratando de meterle la vida, de soplarle en la boca el aire...

VIII

No podrás morir.
Debajo de la tierra
no podrás morir.
Sin agua y sin aire
no podrás morir.
Sin azúcar, sin leche,
sin frijoles, sin carne,
sin harina, sin higos,
no podrás morir.
Sin mujer y sin hijos
no podrás morir.
Debajo de la vida
no podrás morir.
En tu tanque de tierra
no podrás morir.
En tu caja de muerto
no podrás morir.
En tus venas sin sangre
no podrás morir.
En tu pecho vacío
no podrás morir.
En tu boca sin fuego
no podrás morir.
En tus ojos sin nadie
no podrás morir.

En tu carne sin llanto
no podrás morir.
No podrás morir.
No podrás morir.
No podrás morir.
Enterramos tu traje,
tus zapatos, el cáncer:
no podrás morir.
Tu silencio enterramos.
Tu cuerpo con candados.
Tus canas finas,
tu dolor clausurado.
No podrás morir.

XIII

Padre mío, señor mío, hermano mío,
amigo de mi alma, tierno y fuerte,
saca tu cuerpo viejo, viejo mío,
saca tu cuerpo de la muerte.

Saca tu corazón igual que un río,
tu frente limpia en que aprendí a quererte,
tu brazo como un árbol en el frío,
saca todo tu cuerpo de la muerte.

Amo tus canas, tu mentón austero,
tu boca firme y tu mirada abierta,
tu pecho vasto y sólido y certero.

Estoy llamando, tirándote la puerta.
Parece que yo soy el que me muero:
¡padre mío, despierta!

José Joaquín Pasos
1914-1947

Nació en Granada, Nicaragua, en 1914 y muy joven se incorporó al grupo de "Vanguardia". Es sin duda uno de los poetas nicaragüenses más importantes. Junto con el poeta José Coronel Urtecho, con quien escribió una obra de teatro bufo, titulada *La chinfonía burguesa,* fue creador de un estilo literario-folklórico-humorista inspirado en cierta clase de poesía popular, al cual llamó "poesía chinfónica".

Escribió cuentos, ensayos, algunos experimentos de poesía coral y muchos artículos periodísticos. Sus constantes ataques a la dictadura de su país lo llevaron más de una vez a la cárcel. Pese a que tenía numerosos proyectos editoriales, nunca llegó a publicar un libro. Murió a los 32 años.

Obra poética:

Poemas de un joven (póstumo-1962)

Lullaby for a Girl

Viene la noche volando
viene la noche viniendo,
los sueños están llegando,
y el tuyo, niña, esperando,
entrar cuando estés sonriendo.

> *¡Ay! dueño, pequeño dueño,*
> *déjame soñar tu sueño.*

Más vives si estás soñando
que si soñaras viviendo.
Esto que te estoy diciendo
suena más dulce y más blando cuando,
dormida, me estás oyendo.

> *¡Ay!, dueño, pequeño dueño,*
> *déjame soñar tu sueño,*

Músicas suenan durmiendo,
duermen músicas soñando,
el sueño se está alegrando,
y es que el sueño está soñando
que está la niña sonriendo.
Esto que te estoy diciendo
suena más dulce y más blando
cuando, dormida, me estás oyendo.

> *¡Ay!, dueño, pequeño dueño,*
> *déjame soñar tu sueño.*

Más vives si estás soñando
que si soñaras viviendo.
Déjame dormir cantando,
déjame cantar durmiendo;
duerme, este canto, dejando,
detrás del sueño, soñando;
detrás del decir, diciendo;

    ¡Ay!, dueño, pequeño dueño,
    déjame soñar tu sueño.

Cuatro

Cerrando estoy mi cuerpo con las cuatro paredes,
en las cuatro ventanas que tu cuerpo me abrió.
Estoy quedando solo con mis cuatro silencios:
el tuyo, el mío, el del aire, el de Dios.

Voy bajando tranquilo por mis cuatro escaleras,
voy bajando por dentro, muy adentro de yo,
donde están cuatro veces cuatro campos muy grandes.
Por dentro, muy adentro, ¡qué ancho soy!

Y qué pequeña que eres con tus cuatro reales,
con tus cuatro vestidos hechos en Nueva York.
Vas quedando desnuda y pobre ante mis ojos;
cuatro veces te quise; cuatro veces ya no.

Estoy cerrando mi alma, ya no me asomo a verte,
ya no te veo el aire que te diera mi amor;
voy bajando tranquilo con mis cuatro cariños:
el otro, el mío, el del aire, el de Dios.

Canto de guerra de las cosas

fragmentos

Cuando lleguéis a viejos, respetaréis la piedra,
si es que llegáis a viejos,
si es que entonces quedó alguna piedra.
Vuestros hijos amarán al viejo cobre,
al hierro fiel.
Recibiréis a los antiguos metales en el seno de vuestras familias,
trataréis al noble plomo con la decencia que corresponde a su carácter
      dulce;
os reconciliaréis con el zinc dándole un suave nombre;
con el bronce considerándolo como hermano del oro,
porque el oro no fue a la guerra por vosotros,
el oro se quedó, por vosotros, haciendo el papel de niño mimado,
vestido de terciopelo, arropado, protegido por el resentido acero...
Cuando lleguéis a viejos, respetaréis al oro,
si es que llegáis a viejos,
si es que entonces quedó algún oro.

. . . .

Somos la orquídea del acero,
florecimos en la trinchera como el moho sobre el filo de la espada,
somos una vegetación de sangre,
somos flores de carne que chorrean sangre,
somos la muerte recién podada
que florecerá muertes y más muertes hasta hacer un inmenso jardín de
      muertes.

Como la enredadera púrpura de filosa raíz,
que corta el corazón y se siembra en la fangosa sangre
y sube y baja según su peligrosa marea.
Así hemos inundado el pecho de los vivos,
somos la selva que avanza.

Somos la tierra presente. Vegetal y podrida.
Pantano corrompido que burbujea mariposa y arcoiris.

Donde tu cáscara se levanta están nuestros huesos llorosos,
nuestro dolor brillante en carne viva,
oh santa y hedionda tierra nuestra,
humus humanos.

· · · ·

Del mar opaco que me empuja
llevo en mi sangre el hueco de su ola,
el hueco de su huida,
un precipicio de sal aposentada.
Si algo traigo para decir, dispensadme,
en el bello camino lo he olvidado.
Por un descuido me comí la espuma,
perdonadme, que vengo enamorado.

· · · ·

Los frutos no maduran en este aire dormido
sino lentamente, de tal suerte que parecen marchitos,
y hasta los insectos se equivocan en esta primavera sonámbula sin
        sentido.
La naturaleza tiene ausente a su marido.
No tienen ni fuerzas suficientes para morir las semillas del cultivo
y su muerte se oye como el hilito de sangre que sale de la boca del
        hombre herido.
Rosas solteronas, flores que parecen usadas en la fiesta del olvido,
débil olor de tumbas, de hierbas que mueren sobre mármoles inscritos.
Ni un solo grito. Ni siquiera la voz de un pájaro o de un niño
o el ruido de un bravo asesino con su cuchillo.

¡Qué dieras hoy por tener manchado de sangre el vestido!
¡Qué dieras por encontrar habitado algún nido!
¡Qué dieras porque sembraran en tu carne un hijo!

Por fin, Señor de los Ejércitos, he aquí el dolor supremo.
He aquí, sin lástimas, sin subterfugios, sin versos,
el dolor verdadero.
Por fin, Señor, he aquí frente a nosotros el dolor parado en seco.
No es un dolor por los heridos ni por los muertos,
ni por la sangre derramada ni por la tierra llena lamentos
ni por las ciudades vacías de casas ni por los campos llenos de huérfanos.

Es el dolor entero.
No pueden haber lágrimas ni duelo
ni palabras ni recuerdos,
pues nada cabe ya dentro del pecho.
Todos los ruidos del mundo forman un gran silencio.
Todos los hombres del mundo forman un solo espectro.
En medio de este dolor, ¡soldado!, queda tu puesto
vacío o lleno.
Las vidas de los que quedan están con huecos,
tienen vacíos completos,
como si se hubieran sacado bocados de carne de sus cuerpos.
Asómate a este boquete, a éste que tengo en el pecho,
para ver cielos e infiernos.
Mira mi cabeza hendida por millares de agujeros:
a través brilla un sol blanco, a través un astro negro.
Toca mi mano, esta mano que ayer sostuvo un acero:
¡puedes pasar en el aire, a través de ella, tus dedos!
He aquí la ausencia del hombre, fuga de carne, de miedo,
días, cosas, almas, fuego.
Todo se quedó en el tiempo. Todo se quemó allá lejos.

Ernesto Cardenal
1925

Nació en Granada, Nicaragua, en 1925. Se ordenó como sacerdote católico a los cuarenta años. Su obra se distingue por su sencillez, por su cercanía y contacto con lo popular y su interés por los problemas actuales.

Fue dirigente del Frente Sandinista de Liberación Nacional que con el pueblo nicaragüense luchó contra la dictadura de su país y logró liberarlo en los años 70. Fungió como Ministro de Cultura del régimen sandinista.

Obra poética:

La hora 0 (1960)
Epigramas (1961)
Gethsemani, Ky. (1964)
Salmos (1964)
*Oración por Marilvn Monroe
 y otros poemas* (1965)
El estrecho dudoso (1966)
Homenaje a los indios americanos (1969)
Hora 0 y otros poemas (1971)
Poemas reunidos: 1949-1969 (1972)
Oráculo sobre Managua (1973)
Canto nacional (1973)
Poesía escogida (1975)
La santidad de la revolución (1976)
Poesía de uso: antología 1949-1978 (1979)

Epigramas

•

Te doy, Claudia, estos versos, porque tú eres su dueña.
Los he escrito sencillos para que tú los entiendas.
Son para ti solamente, pero si a ti no te interesan,
un día se divulgarán tal vez por toda Hispanoamérica...
Y si al amor que los dictó, tú también lo desprecias,
otras soñarán con este amor que no fue para ellas.
Y tal vez verás, Claudia, que estos poemas,
(escritos para conquistarte a ti) despiertan
en otras parejas enamoradas que los lean
los besos que a ti no despertó el poeta.

•

Cuídate, Claudia, cuando estés conmigo,
porque el gesto más leve, cualquier palabra, un suspiro
de Claudia, el menor descuido,
tal vez un día lo examinen eruditos,
y este baile de Claudia se recuerde por siglos.

Claudia, ya te lo aviso.

•

De estos cines, Claudia, de estas fiestas,
de estas carreras de caballos,
no quedará nada para la posteridad
sino los versos de Ernesto Cardenal para Claudia (si acaso)
y el nombre de Claudia que yo puse en esos versos
y los de mis rivales, si es que yo decido rescatarlos
del olvido, y los incluyo también en mis versos
para ridiculizarlos.

•

Ésta será mi venganza:
Que un día llegue a tus manos el libro de un poeta famoso
y leas estas líneas que el autor escribió para ti
y tú no lo sepas.

•

Me contaron que estabas enamorada de otro
y entonces me fui a mi cuarto
y escribí ese artículo contra el gobierno
por el que estoy preso.

•

Imitación de Propercio

Yo no canto la defensa de Stalingrado
ni la campaña de Egipto
ni el desembarco de Sicilia
ni la cruzada del Rhin del general Eisenhower:

Yo sólo canto la conquista de una muchacha.

Ni con las joyas de la Joyería Morlock
ni con perfumes de Dreyfus
ni con orquídeas dentro de su caja de mica
ni con Cadillac
sino solamente con mis poemas la conquisté.

Y ella me prefiere, aunque soy pobre, a todos los millones de Somoza.

•

De pronto suena en la noche una sirena
de alarma, larga, larga,
el aullido lúgubre de la sirena
de incendio o de la ambulancia blanca de la muerte,
como el grito de la cegua en la noche,
que se acerca y se acerca sobre las calles
y las casas y sube, sube, y baja
y crece, crece, baja y se aleja
creciendo y bajando. No es incendio ni muerte:
       Es Somoza que pasa.

        • • • •

•

Yo he repartido papeletas clandestinas,
gritado: ¡VIVA LA LIBERTAD! en plena calle
desafiando a los guardias armados.
Yo participé en la rebelión de abril:
pero palidezco cuando paso por tu casa
y tu sola mirada me hace temblar.

•

Recibe estas rosas costarricenses,
Myriam, con estos versos de amor:
mis versos te recordarán que los rostros
de las rosas se parecen al tuyo, las rosas
te recordarán que hay que cortar el amor,
y que tu rostro pasará como Grecia y Roma.
Cuando no haya más amor ni rosas de Costa Rica
recordarás, Myriam, esta triste canción.

        • • • •

•

Al perderte yo a ti tú y yo hemos perdido:
yo porque tú eras lo que yo más amaba
y tú porque yo era el que te amaba más.
Pero de nosotros dos tú pierdes más que yo:
porque yo podré amar a otras como te amaba a ti
pero a ti no te amarán como te amaba yo.

•

Muchachas que algún día leáis emocionadas estos versos
y soñéis con un poeta:
sabed que yo los hice para una como vosotras
y que fue en vano.

•   •   •   •

Oración por Marilyn Monroe

Señor
recibe a esta muchacha conocida en toda la tierra con el nombre de
    Marilyn Monroe
aunque ése no era su verdadero nombre
(pero Tú conoces su verdadero nombre, el de la huerfanita violada a los
    nueve años
y la empleadita de tienda que a los dieciséis se había querido matar)
y que ahora se presenta ante Ti sin ningún maquillaje
sin su Agente de Prensa
sin fotógrafos y sin firmar autógrafos
sola como un astronauta frente a la noche espacial.

Ella soñó cuando niña que estaba desnuda en una iglesia
    (según cuenta el *Time*)
ante una multitud postrada, con las cabezas en el suelo
y tenía que caminar en puntillas para no pisar las cabezas.
Tú conoces nuestros sueños mejor que los psiquiatras.
Iglesia, casa, cueva, son la seguridad del seno materno
pero también algo más que eso...
Las cabezas son los admiradores, es claro
(la masa de cabezas en la oscuridad bajo el chorro de luz).
Pero el templo no son los estudios de la *20th Century–Fox*.
El templo —de mármol y oro— es el templo de su cuerpo
en el que está el Hijo del Hombre con un látigo en la mano
expulsando a los mercaderes de la *20th Century–Fox*
que hicieron de tu casa de oración una cueva de ladrones.

Señor
en este mundo contaminado de pecados y de radioactividad
Tú no culparás tan sólo a una empleadita de tienda.
Que como toda empleadita de tienda soñó ser estrella de cine.
Y su sueño fue realidad (pero como la realidad del tecnicolor).
Ella no hizo sino actuar según el *script* que le dimos.
—El de nuestras propias vidas—. Y era un *script* absurdo.
Perdónala Señor y perdónanos a nosotros
por nuestra *20th Century*
por esta Colosal Super–Producción en la que todos hemos trabajado.
Ella tenía hambre de amor y le ofrecimos tranquilizantes.
Para la tristeza de no ser santos
se le recomendó el psicoanálisis.
Recuerda Señor su creciente pavor a la cámara
y el odio al maquillaje —insistiendo en maquillarse en cada escena—
y cómo se fue haciendo mayor el horror
y mayor la impuntualidad a los estudios.

Como toda empleadita de tienda
soñó ser estrella de cine.
Y su vida fue irreal como un sueño que un psiquiatra interpreta y archiva.

Sus romances fueron un beso con los ojos cerrados
que cuando se abren los ojos
se descubre que fue bajo reflectores
¡y apagan los reflectores!
y desmontan las dos paredes del aposento (era un *set* cinematográfico)
mientras el director se aleja con su libreta
porque la escena ya fue tomada.
O como un viaje en yate, un beso en Singapur, un baile en Río
la recepción en la mansión del Duque y la Duquesa de Windsor
vistos en la salita del apartamento miserable.

La película terminó sin el beso final.
La hallaron muerta en su cama con la mano en el teléfono.
Y los detectives no supieron a quién iba a llamar.
Fue
como alguien que ha marcado el número de la única voz amiga
y oye tan sólo la voz de un disco que le dice: *WRONG NUMBER*.
O como alguien que herido por los *gangsters*
alarga la mano a un teléfono desconectado.

Señor
quienquiera que haya sido el que ella iba a llamar
y no llamó (y tal vez no era nadie
o era Alguien cuyo número no está en el directorio de Los Ángeles)
¡contesta Tú el teléfono!

César Vallejo
1892-1938

Nació en Santiago de Chuco, Perú, en 1892. Inició la carrera de letras que dejó para estudiar medicina. Sin embargo, pronto se desilusionó con la profesión médica, que abandonó para ser profesor de enseñanza primaria. Años después reanudó sus estudios en la Facultad de Letras y se graduó en 1915, año en el cual obtuvo su primer premio de poesía. Estudió tres años en la Facultad de Jurisprudencia, pero siguió siendo profesor de enseñanza primaria durante muchos años.

A los 31 años se fue a París, desde donde escribió crónicas y artículos para diversas publicaciones. Viajó a Rusia y otras ciudades de Europa Oriental y de regreso a París fue expulsado de Francia por hacer propaganda comunista. Varios años después regresó a París y permaneció ahí hasta su muerte en 1938, a los 46 años de edad.

Su obra poética es única, por su forma y por su fondo; expresa un dolor humano y solitario, alimentado por su solidaridad hacia los oprimidos de todo el mundo. Cuanto más se estudia su obra, más se advierte en ella la grandeza de una creación auténtica.

Obra poética:

Los heraldos negros (1918)

Trilce (1922)

Poemas humanos (póstumo-1939)

España, aparta de mí este cáliz (póstumo- 1939)

Poesía completa (1949)

Obra poética completa (póstumo-1968)

Obra poética (póstumo-1980)

Obra poética (póstumo-1988)

Los heraldos negros

Hay golpes en la vida, tan fuertes... Yo no sé!
Golpes como del odio de Dios; como si ante ellos,
la resaca de todo lo sufrido
se empozara en el alma... Yo no sé!

Son pocos; pero son... Abren zanjas oscuras
en el rostro más fiero y en el lomo más fuerte.
Serán talvez los potros de bárbaros atilas;
o los heraldos negros que nos manda la Muerte.

Son las caídas hondas de los Cristos del alma,
de alguna fe adorable que el Destino blasfema.
Esos golpes sangrientos son las crepitaciones
de algún pan que en la puerta del horno se nos quema.

Y el hombre... Pobre... pobre! Vuelve los ojos, como
cuando por sobre el hombro nos llama una palmada;
vuelve los ojos locos, y todo lo vivido
se empoza, como charco de culpa, en la mirada.

Hay golpes en la vida, tan fuertes... Yo no sé!

A mi hermano Miguel
In memoriam

Hermano, hoy estoy en el poyo de la casa,
donde nos haces una falta sin fondo!
Me acuerdo que jugábamos esta hora, y que mamá
nos acariciaba: "Pero, hijos...".

Ahora yo me escondo,
como antes, todas estas oraciones
vespertinas, y espero que tú no des conmigo.
Por la sala, el zaguán, los corredores.
Después, te ocultas tú, y yo no doy contigo.
Me acuerdo que nos hacíamos llorar,
hermano, en aquel juego.

Miguel, tú te escondiste
una noche de agosto, al alborear;
pero, en vez de ocultarte riendo, estabas triste.
Y tu gemelo corazón de esas tardes
extintas se ha aburrido de no encontrarte. Y ya
cae sombra en el alma.

Oye, hermano, no tardes
en salir. Bueno? Puede inquietarse mamá.

Idilio muerto

Qué estará haciendo esta hora mi andina y dulce Rita
de junco y capulí;
ahora que me asfixia Bizancio, y que dormita
la sangre, como flojo cognac, dentro de mí.

Dónde estarán sus manos que en actitud contrita
planchaban en las tardes blancuras por venir;
ahora, en esta lluvia que me quita
las ganas de vivir.

Qué será de su falda de franela; de sus
afanes; de su andar;
de su sabor a cañas de mayo del lugar.

Ha de estarse a la puerta mirando algún celaje,
y al fin dirá temblando. "Qué frío hay... Jesús!".
Y llorará en las tejas un pájaro salvaje.

III

Las personas mayores
¿a qué hora volverán?
Da las seis el ciego Santiago,
y ya está muy oscuro.

Madre dijo que no demoraría.

Aguedita, Nativa, Miguel,
cuidado con ir por ahí, por donde
acaban de pasar gangueando sus memorias
dobladoras penas,
hacia el silencioso corral, y por donde
las gallinas que se están acostando todavía,
se han espantado tanto.
Mejor estemos aquí no más.
Madre dijo que no demoraría.

Ya no tengamos pena. Vamos viendo
los barcos ¡el mío es más bonito de todos!
con los cuales jugamos todo el santo día,
sin pelearnos, como debe ser:
han quedado en el pozo de agua, listos,
fletados de dulces para mañana.

Aguardemos así, obedientes y sin más
remedio, la vuelta, el desagravio
de los mayores siempre delanteros
dejándonos en casa a los pequeños,
como si también nosotros
          no pudiésemos partir.

Aguedita, Nativa, Miguel!
Llamo, busco al tanteo en la oscuridad.
No me vayan a haber dejado solo,
y el único recluso sea yo.

Piedra negra sobre una piedra blanca

Me moriré en París con aguacero,
un día del cual tengo ya el recuerdo.
Me moriré en París —y no me corro—
talvez un jueves, como es hoy, de otoño.

Jueves será, porque hoy, jueves, que proso
estos versos, los húmeros me he puesto
a la mala y, jamás como hoy, me he vuelto,
con todo mi camino, a verme solo.

César Vallejo ha muerto, le pegaban
todos sin que él les haga nada;
le daban duro con un palo y duro

también con una soga; son testigos
los días jueves y los huesos húmeros,
la soledad, la lluvia, los caminos...

España, aparta de mí este cáliz

fragmentos

III

Solía escribir con su dedo grande en el aire:
"¡Viban los compañeros! Pedro Rojas",
de Miranda de Ebro, padre y hombre,
marido y hombre, ferroviario y hombre,
padre y más hombre. Pedro y sus dos muertes.

Papel de viento, lo han matado: ¡pasa!
Pluma de carne, lo han matado: ¡pasa!
¡Abisa a todos los compañeros pronto!

Palo en el que han colgado su madero,
lo han matado;
¡lo han matado al pie de su dedo grande!
¡Han matado, a la vez, a Pedro, a Rojas!

¡Viban los compañeros
a la cabecera de su aire escrito!
¡Viban con esa b del buitre en las entrañas
de Pedro
y de Rojas, del héroe y del mártir!
Registrándole, muerto, sorprendiéronle
en su cuerpo un gran cuerpo, para
el alma del mundo,
y en la chaqueta una cuchara muerta.

Pedro también solía comer
entre las criaturas de su carne, asear, pintar
la mesa y vivir dulcemente
en representación de todo el mundo.
Y esta cuchara anduvo en su chaqueta,
despierto o bien cuando dormía, siempre,
cuchara muerta viva, ella y sus símbolos.
¡Abisa a todos los compañeros pronto!
¡Viban los compañeros al pie de esta cuchara para siempre!

Lo han matado, obligándole a morir
a Pedro, a Rojas, al obrero, al hombre, a aquel
que nació muy niñín, mirando al cielo,
y que luego creció, se puso rojo
y luchó con sus células, sus nos, sus todavías, sus hambres, sus pedazos.
Lo han matado suavemente
entre el cabello de su mujer, la Juana Vásquez,
a la hora del fuego, al año del balazo
y cuando andaba cerca ya de todo.

Pedro Rojas, así, después de muerto,
se levantó, besó su catafalco ensangrentado,
lloró por España
y volvió a escribir con el dedo en el aire:
"¡Viban los compañeros! Pedro Rojas"
Su cadáver estaba lleno de mundo.

. . . .

XII Masa

Al fin de la batalla,
y muerto el combatiente, vino hacia él un hombre
y le dijo: "No mueras, te amo tanto!"
Pero el cadáver ¡ay! siguió muriendo.

Se le acercaron dos y repitiéronle:
"¡No nos dejes! ¡Valor! ¡Vuelve a la vida!"
Pero el cadáver ¡ay! siguió muriendo.

Acudieron a él veinte, cien, mil, quinientos mil,
clamando: "¡Tanto amor y no poder nada contra la muerte!"
Pero el cadáver ¡ay! siguió muriendo.

Le rodearon millones de individuos,
con un ruego común: "¡Quédate, hermano!"
Pero el cadáver ¡ay! siguió muriendo.

Entonces, todos los hombres de la tierra
le rodearon; les vio el cadáver triste, emocionado;
incorporóse lentamente,
abrazó al primer hombre; echóse a andar...

XIII *Redoble fúnebre*
a los escombros de Durango

Y le dijo: Padre polvo que subes de España,
Dios te salve, libere y corone,
padre polvo que asciendes del alma,

y le dijo: Padre polvo que subes del fuego,
Dios te salve, te calce y dé un trono,
padre polvo que estás en los cielos,

y le dijo: Padre polvo, biznieto del humo,
Dios te salve y ascienda a infinito,
padre polvo, bisnieto del humo.

Padre polvo en que acaban los justos,
Dios te salve y devuelva a la tierra,
padre polvo en que acaban los justos.

Padre polvo que creces en palmas,
Dios te salve y revista de pecho,
padre polvo, terror de la nada.

Padre polvo, compuesto de hierro,
Dios te salve y te dé forma de hombre,
padre polvo que marchas ardiendo.

Padre polvo, sandalia del paria,
Dios te salve y jamás te desate,
padre polvo, sandalia del paria.

Padre polvo que avientan los bárbaros,
Dios te salve y te ciña de dioses,
padre polvo que escoltan los átomos.

Padre polvo, sudario del pueblo,
Dios te salve del mal para siempre,
padre polvo español, padre nuestro.

Padre polvo que vas al futuro,
Dios te salve, te guíe y te dé alas,
padre polvo que vas al futuro.

Javier Sologuren
1921

Nació en Lima, Perú, en 1921.
Realizó estudios en letras, hasta
obtener el doctorado en la
Universidad de San Marcos, así
como cursos de especialización
en México y en Bélgica.
Además de su trabajo como
poeta, ejerció la docencia a
nivel universitario durante varios años y ha
realizado importantes trabajos como editor.
Hacia finales de los años cincuenta fundó en
Lima un taller de artes gráficas para la
publicación de poesía y prosa que contribuyó
tanto a difundir la obra de numerosos escritores
como a fomentar el buen gusto tipográfico; en
1962 asumió la dirección de publicaciones de la
Universidad de San Marcos; ha sido también
editor-impresor de las *Ediciones de la Rama
Florida*, en donde se han publicado numerosos
títulos de poesía peruana y extranjera.
Ha publicado varias antologías de poesía peruana
y dirigido revistas culturales y literarias.
En 1975 se convirtió en miembro de número
de la Academia Peruana de la Lengua.
Ha obtenido múltiples distinciones internacionales
por su trabajo poético, traducido a veinte idiomas
y considerado por la crítica como "poseedor de
un admirable equilibrio, con una innata
vocación al orden y a la palabra justa".

Obra poética:

El morador (1944)

Detenimientos (1947)

Dédalo dormido (1949)

Bajo los ojos del amor (1950)

Otoño endechas (1959)

Estancias (1960)

La gruta de la sirena (1961)

Vida continua (1966 y 1967)

*Vida continua: obra poética
de 1939 a 1989* (1989)

Recinto (1968)

Surcando el aire oscuro (1970)

Corola Parva (1977)

*Folios de El Enamorado
y La Muerte* (1980)

Un trino en la ventana vacía (1992)

Elegía

Amor que apenas hace un rato eras fruto
de resplandeciente interior en los ojos
de irreprochable dulzura, que sólo eras
una gota de agua resbalando entre los senos
apaciblemente diminutos de una joven;
ahora, al otro lado de las falsas paredes
pintadas con húmedos y empañados carmines,
entre la tarde nostálgica y la noche,
oh amor, has de ser guía certero del asesino
que ardientemente trabaja con un hilo de nieve
en torno de lo que ama.

Toast

La inquieta fronda rubia de tu pelo
      hace de mí un raptor;
      hace de mí un gorrión
la derramada taza de tu pelo.

La colina irisada de tu pecho
      hace de mí un pintor;
      hace de mí un alción
la levantada ola de tu pecho.

Rebaño tibio bajo el sol tu cuerpo
      hace de mí un pastor;
      hace de mí un halcón
el apretado blanco de tu cuerpo.

Epitalamio

Cuando nos cubran las altas yerbas
y ellos
los trémulos   los dichosos
lleguen hasta nosotros
se calzarán de pronto
se medirán a ciegas
romperán las líneas del paisaje

y habrá deslumbramientos en el aire
giros lentos y cálidos
sobre entrecortados besos
nos crecerán de pronto los recuerdos
se abrirán paso por la tierra
se arrastrarán en la yerba
se anudarán a sus cuerpos

memorias palpitantes
tal vez ellos

los dichosos   los trémulos
se imaginen entonces
peinados por
desmesurados
imprevistos resplandores
luces altas
desde la carretera

Vida continua

Árbol que eres un penoso relámpago,
viento que arrebatas una ardiente materia,
bosques de rayos entre el agua nocturna:
¿he de decirles que para mí se está forjando
una pesada joya en mi corazón, una hoja
que hiende como una estrella el refugio de la sangre?

Ignoro otra mirada que no sea como un vuelo
reposado y profundo, ignoro otro paso lejano,
ola que fuese más clara que la vida en mi pecho.

Sepan que estoy viviendo, nubes, sepan que canto,
bajo la gloria confusa de la tarde, solitario.

Sepan que estoy viviendo, que me aprieta el cielo,
que mi frente ha de caer como lámpara vacía
a los pies de una estatua que vela tenazmente.

La belleza, las nubes.
¡Las nubes!
¿Hay alguien que se detenga a verlas
desordenándose en sus fiestas
lentamente?
¿Contemplarlas?
(No faltará quién diga ¡está en las nubes!
¡Ese hombre no se halla en sus cabales!)
Las flores, la belleza.
Si contemplamos una flor como quien contempla un rostro
humano
o escucha el alma en su pasión desnuda del canto límpido
del ave
(Igualmente será visto con sorna)
Las nubes, las flores, las aves: rostros de la belleza,
¿dónde arden sus huellas?
Sus rastros se perdieron en las aguas
como desmantelados barcos.
¡Por qué pues distraernos con tales baratijas!
Pero la belleza, las flores, las aves, sobre nuestras cabezas,
las nubes en su callada música.

(pero ¿las nubes, la belleza?)

Luis Palés Matos
1898-1959

Nació en Guayama, Puerto Rico, en 1898. La estrechez económica de su familia, a la muerte de su padre, truncó su carrera de abogado y desde entonces tuvo que ganarse la vida con empleos que nada tenían que ver con su vocación literaria. Por su obra, la Universidad de Puerto Rico le confirió en 1944 el nombramiento de "Poeta en residencia".

Palés Matos tuvo el enorme mérito, junto con el cubano Nicolás Guillén, de inagurar en las Antillas hispánicas una concepción poética que constituyó la primera respuesta a la búsqueda de la especificidad caribeña: "la negritud", que es uno de los movimientos literarios reconocidos internacionalmente. Murió en 1959.

Obra poética:

Azaleas (1915)

Tuntún de pasa y grifería. Poemas afroantillanos (1937)

Poesía: 1915-1956 (1957)

Poesía completa y prosa selecta (póstumo-1978)

Danza negra

Calabó y bambú.
Bambú y calabó.
El Gran Cocoroco dice: tu-cu-tú.
La Gran Cocoroca dice: to-co-tó.
Es el sol de hierro que arde en Tombuctú.
Es la danza negra de Fernando Póo.
El cerdo en el fango gruñe: pru-pru-prú.
El sapo en la charca sueña: cro-cro-cró.
Calabó y bambú.
Bambú y calabó.

Rompen los junjunes en furiosa ú.
Los gongos trepidan con profunda ó.
Es la raza negra que ondulando va
en el ritmo gordo del mariyandá.
Llegan los botucos a la fiesta ya.
Danza que te danza la negra se da.

Calabó y bambú.
Bambú y calabó.
El Gran Cocoroco dice: tu-cu-tú.
La Gran Cocoroca dice: to-co-tó.

Pasan tierras rojas, islas de betún:
Haití, Martinica, Congo, Camerún;
las papiamentosas antillas del ron
y las patualesas islas del volcán,
que en el grave son
del canto se dan.

Calabó y bambú.
Bambú y calabó.
Es el sol de hierro que arde en Tombuctú.
Es la danza negra de Fernando Póo.
El alma africana que vibrando está
en el ritmo gordo del mariyandá.

Calabó y bambú.
Bambú y calabó.
El Gran Cocoroco dice: tu-cu-tú.
La Gran Cocoroca dice: to-co-tó.

El llamado

Me llaman desde allá...
larga voz de hoja seca,
mano fugaz de nube
que en el aire de otoño se dispersa.
Por arriba el llamado
tira de mí con tenue hilo de estrella,
abajo, el agua en tránsito,
con sollozo de espuma entre la niebla.
Ha tiempos oigo las voces
y descubro las señas.

Hoy recuerdo: es un día venturoso
de cielo despejado y clara tierra;
golondrinas erráticas
el calmo azul puntean.
Estoy frente a la mar y en lontananza
se va perdiendo el ala de una vela;
va yéndose, esfumándose,
y yo también me voy borrando en ella.
Y cuando al fin retorno
por un leve resquicio de conciencia
¡cuán lejos ya me encuentro de mí mismo!
¡qué mundo más extraño me rodea!

Ahora, dormida junto a mí, reposa
mi amor sobre la hierba.
El seno palpitante
sube y baja tranquilo en la marea
del ímpetu calmado que diluye

espectrales añiles en su ojera.
Miro esa dulce fábrica rendida,
cuerpo de trampa y presa
cuyo ritmo esencial como jugando
manufactura la caricia aérea,
el arrullo narcótico y el beso
—víspera ardiente de gozosa queja—
y me digo: Ya todo ha terminado...
Mas de pronto, despierta,
y allá en el negro hondón de sus pupilas
que son un despedirse y una ausencia,
algo me invita a su remota margen
y dulcemente, sin querer, me lleva.

Me llaman desde allá...
Mi nave aparejada está dispuesta.
A su redor, en grumos de silencio,
sordamente coagula la tiniebla.
Un mar hueco, sin peces,
agua vacía y negra
sin vena de fulgor que la penetre
ni pisada de brisa que la mueva.
Fondo inmóvil de sombra,
límite gris de piedra...
¡Oh soledad, que a fuerza de andar sola
se siente de sí misma compañera!

Emisario solícito que vienes
con oculto mensaje hasta mi puerta,
sé lo que te propones
y no me engaña tu misión secreta;
me llaman desde allá,
pero el amor dormido aquí en la hierba
es bello todavía
y un júbilo de sol baña la tierra.
¡Déjeme tu implacable poderío
una hora, un minuto más con ella!

Asteriscos para lo intacto

Por repartida que vayas
entera siempre estarás.
Aun dándote de mil modos
no te fragmentas jamás.
Cada donación que haces,
cada dádiva que das,
te deja siempre lo mismo
a repartir o donar...
prodigio del dar y ser,
milagro del ir y estar.

Darte es tenerte a ti misma
y tenerte es darte más;
darse y tenerse, ¿no es eso
amor, luz, eternidad?
El amor se da y se tiene,
la luz se tiene y se da,
y lo eterno vase dando
y teniéndose eternal.

Como en ti todo es llegado,
todo es en ti comenzar;
quehacer de oleaje perenne
terminado sin cesar;
sueño que se hila a sí propio
y tórnase a deshilar,
y que ni empieza ni acaba
pues empieza al acabar.

Ni un grano inerte, en tu fábrica
todo es vivo y primordial;
todo a unánime pulsada
rinde faena esencial.
El bien del mundo te fluye
de la parte a lo total,
sin perderlo ni ganarlo,
que en el perder va el ganar.

¿Qué don de milagro acendra
tu apretada identidad?
¡Oh magia, centrifugada,
de tu intrínseco hontanar!
Agua que es piedra de cuarzo,
piedra que ya es manantial,
sombra del minuto eterno
inmóvil en lo fugaz.

Con efímeras substancias
fundas a perpetuidad
la quietud en movimiento
de tu esencia virginal.

Gloria intacta, bien intacto,
belleza pura y cabal.
Redondez de lo perfecto,
sola, en el mundo falaz...
¡Única gracia creada,
que Dios no vuelve a crear!

Puerta al tiempo en tres voces

I

    ... del trasfondo de un sueño la escapada
Filí-Melé. La fluida cabellera
fronda crece, de abejas enjambrada;
el tronco —desnudez cristalizada—
es desnudez en luz tan desnudada
que al mirarlo se mira la mirada.

    Frutos hay, y la vena despertada
látele azul y en el azul diluye
su pálida tintura derramada,
por donde todo hacia la muerte fluye
en huida tan lueñe y sosegada
que nada en ella en apariencia huye.

    Filí-Melé, Filí-Melé, ¿hacia dónde
tú, si no hay tiempo para recogerte
ni espacio donde puedas contenerte?
Filí, la inaprehensible ya atrapada,
Melé, numen y esencia de la muerte.

    Y ahora, ¿a qué trasmundo, perseguida
serás, si es que eres? ¿Para qué ribera
huye tu blanca vela distendida
sobre mares oleados de quimera?

II

En sombra de sentido de palabras,
fantasmas de palabras;
en el susto que toma a las palabras
cuando con leve, súbita pisada,
las roza el halo del fulgor del alma;
—rasgo de ala en el agua,
ritmo intentado que no logra acorde,
abortada emoción cohibida de habla—;
en el silencio tan cercano al grito
que recorre las noches estrelladas,
y más lo vemos que lo oímos,
y casi le palpamos la sustancia;
o en el silencio plano y amarillo
de las desiertas playas,
batiendo el mar en su tambor de arena
salado puño de alga.
¡Qué lenguaje te encuentra, con qué idioma
(ojo inmóvil, voz muda, mano laxa)
podré yo asirte, columbrar tu imagen,
la imagen de tu imagen reflejada
muy allá de la música-poesía,
muy atrás de los cantos sin palabras?

Mis palabras, mis sombras de palabras,
a ti, en la punta de sus pies, aupadas.
Mis deseos, mis galgos de deseos,
a ti, ahilados, translúcidos espectros.
Yo, evaporado, diluido, roto,
abierta red en el sinfín sin fondo...
Tú, por ninguna parte de la nada,
¡qué escondida, cuán alta!

III

En lo fugaz, en lo que ya no existe
cuando se piensa,
y apenas deja de pensarse
cobra existencia;
en lo que si se nombra se destruye,
catedral de ceniza, árbol de niebla...
¿Cómo subir tu rama?
¿Cómo tocar tu puerta?

Pienso, Filí-Melé, que en el buscarte
ya te estoy encontrando,
y te vuelvo a perder en el oleaje
donde a cincel de espuma te has formado.
Pienso que de tu pena hasta la mía
se tiende un puente de armonioso llanto
tan quebradizo y frágil, que en la sombra
sólo puede el silencio atravesarlo.
Un gesto, una mirada, bastarían
a fallar sus estribos de aire amargo
como al modo de Weber, que en la noche
nos da, cisne teutón, su último canto.

•

Canto final donde la acción frustrada
abre al tiempo una puerta sostenida
en tres voces que esperan tu llegada;
tu llegada, aunque sé que eres perdida...
Perdida y ya por siempre conquistada,
fiel fugada Filí-Melé abolida.

Pedro Mir

1913

Nació en San Pedro
de Macorís, República
Dominicana, en 1913.
Estudió en la Universidad
de Santo Domingo en la que
obtuvo, en 1941, el título
de Doctor en Derecho.
Abandonó el país en 1947
y pasó largos años como exiliado. En 1968
regresó a su patria, donde vive en la actualidad.

Mir se ha destacado internacionalmente
como poeta, pero también ha escrito obras
literarias e históricas en prosa. Es también
profesor investigador en la Universidad
Autónoma de Santo Domingo.

Sobre Pedro Mir, Jaime Labastida escribió:
"En él cobra nuevo vigor la tradición del poeta
popular: es un mester de juglaría que interpreta
cabalmente los sentimientos populares,
y al que su pueblo responde como a muy escasos
poetas en sus propios países..."

Obra poética:
Primeros versos (1937)
Hay un país en el mundo (1949)
Poemas del buen amor (1968)
Amén de mariposas (1969)
Viaje a la muchedumbre (1971)
Contracanto a Walt Whitman (1976)

Alegría de la mañana blanca

Son
las nubes
de almidón.
¡Estoy de versos henchido
como una vela blanca!
Alza mi alma un sonoro
cáliz de ritmos de plata,
en la misa del sol y del verso
bajo los cúmulos de almidón.
¡Esta es la fiesta de un hombre
que emborrachó de emoción!
¿Quién te llevó por el río
para besarte la falda?
¿Quién te decía los versos,
y te confiaba las cartas?
¿Quién te apretaba el meñique
y los besos te robaba?
¡Ah, las nubes de almidón
me poetizan la mañana!
Nadie te cuenta mis gozos
de almidón de nube blanca
y tu sombra me persigue
por esta alegría larga...
¡Siga el canto, siga el canto,
que el pecho me da en merengues
un corazón de guitarras!
Están de almidón los días
y de almidón las semanas.

Días
semanas
días
semanas
y siempre las alegrías
de almidón por las mañanas.
¿Quién sorprendió los cariños
de tu boca recitada?
¿Quién te enseñó los caminos
y te contó las pisadas?
¿Quién se achicó en tus pupilas
por culpa de una mirada?
¡Ah, la mañana se asombra
de nubes almidonadas!
Fiebres de luz y de sombra
violentamente contrastan,
las mismas que me dibujan
y en tus ojos me retratan.
¿Fiesta? La de tus ojos.
¿Parrandas? Las de tu cara.
Felicidad y alegría.
Almidón de nube blanca.
Conviérteme todo en besos
para estamparme en tu alma!

Hay un país en el mundo

fragmento

Hay
un país en el mundo
                colocado
en el mismo trayecto del sol.
Oriundo de la noche.
                Colocado
en un inverosímil archipiélago
de azúcar y de alcohol.
                Sencillamente
liviano,
           como un ala de murciélago
apoyado en la brisa.
                Sencillamente
claro,
           como el rastro del beso en las solteras
antiguas
           o el día en los tejados.
                        Sencillamente
frutal. Fluvial. Y material. Y sin embargo
sencillamente tórrido y pateado
como una adolescente en las caderas.
Sencillamente triste y oprimido.
Sinceramente agreste y despoblado.

. . . .

Miro un brusco tropel de raíles
son del ingenio
sus soportes de verde aborigen
son del ingenio
y las mansas montañas de origen
son del ingenio
y la caña y la yerba y el mimbre
son del ingenio
y los muelles y el agua y el liquen
son del ingenio
y el camino y sus dos cicatrices
son del ingenio
y los pueblos pequeños y vírgenes
son del ingenio
y los brazos del hombre más simple
son del ingenio
y sus venas de joven calibre
son del ingenio
y los guardias con voz de fusiles
son del ingenio
y las manchas de plomo en las ingles
son del ingenio
y la furia y el odio sin límites
son del ingenio
y las leyes calladas y tristes
son del ingenio
y las culpas que no se redimen
son del ingenio

veinte veces lo digo y lo dije
son del ingenio
"nuestros campos de gloria repiten"
son del ingenio
en la sombra del ancla persisten
son del ingenio
aunque arrojen la carga del crimen
lejos del puerto
con la sangre el sudor y el salitre
son del ingenio.

Contracanto a Walt Whitman

fragmentos

1

Hubo una vez un territorio puro.
Árboles y terrenos sin rúbricas ni alambres.
Hubo una vez un territorio sin tacha.
Hace ya muchos años. Más allá de los padres de los padres
las llanuras jugaban a galopes de búfalos.
Las costas infinitas jugaban a las perlas.
Las rocas desceñían su vientre de diamantes.
Y las lomas jugaban a cabras y gacelas...

Por los claros del bosque la brisa regresaba
cargada de insolencias de ciervos y abedules
que henchían de simiente los poros de la tarde.
Y era una tierra pura poblada de sorpresas.
Donde un terrón tocaba la semilla
precipitaba un bosque de dulzura fragante.
La acometía a veces un frenesí de polen
que exprimía los álamos, los pinos, los abetos,
y enfrascaba en racimos la noche y los paisajes.
Y eran minas y bosques y praderas
cundidos de arroyuelos y nubes y animales.

3

Que nadie me pregunte
quién es Walt Whitman.
A través de los siglos
iría a sollozar sobre su barba blanca.
He dicho que diré
          y estoy diciendo
quién era el infinito y luminoso
                    Walt Whitman,
un cosmos
¡un hijo de Manhattan!

6

¡Oh Walt Whitman, tu barba sensitiva
era una red al viento!
Vibraba y se llenaba de encendidas figuras
de novias y donceles, de bravos y labriegos,
de rudos mozalbetes camino del riachuelo,
de guapos con espuelas y mozas con sonrisa,
de marchas presurosas de seres infinitos,
de trenzas o sombreros...
Y tú fuiste escuchando
camino por camino
golpeándoles el pecho
palabra con palabra.
¡Oh Walt Whitman de barba candorosa,
alcanzo por los años tu roja llamarada!

Mario Benedetti
1920

Nació en Paso de los Toros, Uruguay, en 1920. Desde los 4 años vivió en Montevideo, donde estudió en un colegio alemán. Empezó a trabajar a los 14 años, primero como taquígrafo, luego como vendedor, funcionario público, contador, locutor de radio y traductor. Uno de sus trabajos más importarles fue el de periodista en el célebre semanario *Marcha*, cuyo equipo redactor integró desde 1945 hasta 1974, cuando fue clausurado por la dictadura uruguaya. Entre 1968 y 1971 dirigió el Centro de Investigaciones Literarias de la Casa de las Américas en La Habana, Cuba, y de 1971 a 1973 el Departamento de Literatura Hispanoamericana en la Facultad de Humanidades y Ciencias, en la Universidad de Montevideo. Por razones políticas ha pasado etapas de exilio en Perú, Argentina, Cuba y España por 12 años.

Ha publicado más de 50 libros y ha sido traducido a 23 lenguas. Es autor de novelas, cuentos, poesía, teatro, ensayo, crítica literaria, artículos periodísticos, guiones de cine, crónicas humorísticas, letras de canciones. Su prolífica y versátil obra le ha valido el reconocimiento internacional a través de varios premios y distinciones.

Obra poética:

La víspera indeleble (1945)
Sólo mientras tanto (1950)
Poemas de la oficina (1956)
Poemas del hoyporhoy (1961)
Noción de Patria (1963)
Próximo prójimo (1965)
Contra los puentes levadizos (1966)
A ras de sueño (1967)
Antología natural (1967)
Quemar las naves (1969)
Letras de emergencia (1973)
Poemas de otros (1974)
La casa y el ladrillo (1977)
Cotidianas (1979)
Viento de exilio (1981)
Preguntas al azar (1986)
Geografías (1984)

Verano

Voy a cerrar la tarde
se acabó
no trabajo
tiene la culpa el cielo
que urge como un río
tiene la culpa el aire
que está ansioso y no cambia
se acabó
no trabajo
tengo los dedos blandos
la cabeza remota
tengo los ojos llenos
de sueño
yo que sé
veo sólo paredes
se acabó
no trabajo
paredes con reproches
con órdenes
con rabia
pobrecitas paredes
con un solo almanaque
se acabó
no trabajo
que gira lentamente
dieciséis de diciembre.

Iba a cerrar la tarde
pero suena el teléfono
si señor enseguida
comonó cuandoquiera.

Ahora vale la pena

Ahora vale la pena.
Dios
se quedó dormido.

Todos sabemos que esto
no es definitivo
que es una suerte loca
quizá un breve
delirio.

Ahora vale la pena
vivir
aunque haga frío

aunque la tarde vuele.
O no vuele.
Es lo mismo.

Ahora sí
pero luego
si Dios no se despierta
qué pasará
diosmío.

Consternados, rabiosos

Vámonos,
derrotando afrentas
Ernesto "Che" Guevara

Así estamos
consternados
rabiosos
aunque esta muerte sea
uno de los absurdos previsibles

da vergüenza mirar
los cuadros
los sillones
las alfombras
sacar una botella del refrigerador
teclear las tres letras mundiales de tu nombre
en la rígida máquina
que nunca
nunca estuvo
con la cinta tan pálida

vergüenza tener frío
y arrimarse a la estufa como siempre
tener hambre y comer
esa cosa tan simple
abrir el tocadiscos y escuchar en silencio
sobre todo si es un cuarteto de Mozart

da vergüenza el confort
y el asma da vergüenza
cuando tú comandante estás cayendo
ametrallado
fabuloso
nítido

eres nuestra conciencia acribillada

dicen que te quemaron
con qué fuego
van a quemar las buenas
buenas nuevas
la irascible ternura
que trajiste y llevaste
con tu tos
con tu barro

dicen que incineraron
toda tu vocación
menos un dedo

basta para mostrarnos el camino
para acusar al monstruo y sus tizones
para apretar de nuevo los gatillos

así estamos
consternados
rabiosos
claro que con el tiempo la plomiza
consternación
se nos irá pasando

la rabia quedará
se hará más limpia
estás muerto
estás vivo
estás cayendo
estás nube
estás lluvia
estás estrella

donde estés
si es que estás
si estás llegando

aprovecha por fin
a respirar tranquilo
a llenarte de cielo los pulmones

donde estés
si es que estás
si estás llegando
será una pena que no exista Dios

pero habrá otros
claro que habrá otros
dignos de recibirte
comandante.

Montevideo, octubre 1967.

Tu quebranto

Tu voz no quiere cantar
tu voz se esconde en el llanto
si pregunto tu quebranto
es sólo por preguntar

desde que tu pena existe
como un ileso sentido
todo está triste y cumplido
todo está cumplido y triste

no tiene melancolía
el limpio dolor que tienes
ya no te quedan rehenes
para obtener la alegría

tu voz no quiere cantar
tu voz se esconde en el llanto
si pregunto tu quebranto
es sólo por preguntar

tu pena no es tu tortura
tu pena es tu peregrina
quién sabe cómo termina
si termina tu aventura

tu pena es un cautiverio
sin mar sin cielo y sin rosas
por sobre todas las cosas
tu pena es como misterio

tu voz no quiere cantar
tu voz se esconde en el llanto
si pregunto tu quebranto
es sólo por preguntar

tu voz se calla por sabia
y ese silencio es mejor
si tu dolor no es dolor
es que tu dolor es rabia

tu dolor es una espada
que hiere o corta o libera
tu pena es una manera
de vencer la madrugada

tu voz no quiere cantar
tu voz se esconde en el llanto
si pregunto tu quebranto
no me vas a contestar.

Estados de ánimo

A veces me siento
como un águila en el aire
(de una canción de Pablo Milanés)

Unas veces me siento
como pobre colina
y otras como montaña
de cumbres repetidas

unas veces me siento
como un acantilado
y en otras como un cielo
azul pero lejano

a veces uno es
manantial entre rocas
y otras veces un árbol
con las últimas hojas

pero hoy me siento apenas
como laguna insomne
con un embarcadero
ya sin embarcaciones

una laguna verde
inmóvil y paciente
conforme con sus algas
sus musgos y sus peces

sereno en mi confianza
confiado en que una tarde
te acerques y te mires
te mires al mirarme.

Botella al mar

El mar un azar
Vicente Huidobro

Pongo estos seis versos en mi botella al mar
con el secreto designio de que algún día
llegue a una playa casi desierta
y un niño la encuentre y la destape
y en lugar de versos extraiga piedritas
y socorros y alertas y caracoles.

Cronoterapia bilingüe

Si un muchacho lee mis poemas
me siento joven por un rato

en cambio cuando es
una muchacha quien los lee
quisiera que el tictac
se convirtiera en un tactic
o mejor dicho en *une tactique.*

Nuevo canal interoceánico

Te propongo construir
un nuevo canal
sin esclusas
ni excusas
que comunique por fin
tu mirada
atlántica
con mi natural
pacífico.

El paisaje

Durante muchos años
y tantísimos versos
el paisaje
no estuvo en mis poemas

vaya a saber
por qué

mejor dicho
el paisaje
eran hombres
       mujeres
          amores

pero de pronto
casi sin yo advertirlo
mi poesía empezó
a tener ramas
       dunas
          colinas
             farallones
vaya a saber
por qué
dejó de ser
poesía en blanco y negro
y se llenó de verdes
tantos como follajes
de flamboyanes rojos
oros suaves del alba

y memorias de pinos
con sus siluetas sobre
horizonte y candela

¿será que este paisaje
no quiere que sigamos
sin decirnos las claves?

¿o será que el paisaje
no quiere que me vaya?

Vicente Gerbasi
1913-1992

Nació en el pueblo de Canoabo, Estado Carabobo, en 1913. A los diez años se embarcó hacia la aldea de Vibatoni en el sur de Italia, desde donde sus padres emigraron a Venezuela.

Al terminar sus estudios de primaria en Florencia, y luego de la muerte de su padre, regresó a Venezuela y comenzó a publicar sus primeros poemas. Fundó el grupo "Viernes" junto con otros jóvenes intelectuales de la época y en 1939 apareció, bajo su dirección, la revista literaria del mismo nombre. Ejerció el oficio del periodismo y ocupó cargos diplomáticos en Bogotá, La Habana, Ginebra, Chile, Haití, Israel, Dinamarca, Noruega y Polonia.

En 1969 recibió el Premio Nacional de Literatura. Su poesía ha sido traducida y publicada en francés y en hebreo. Murió en 1992.

Obra poética:

Bosque doliente (1940)

Liras (1943)

Poemas de la noche y de la tierra (1943)

Mi padre, el inmigrante (1945)

Tres nocturnos (1946)

Los espacios cálidos (1952)

Círculos del trueno (1953)

Tirano de sombra y fuego (1955)

Por arte de sol (1958)

Olivos de eternidad (1961)

Poesía de viajes (1968)

Retumba como un sótano del cielo (1977)

Edades perdidas (1981)

Los colores ocultos (1985)

Un día muy distante (1988)

El solitario viento de las hojas (1989)

Iniciación en la intemperie (1990)

Mi padre, el inmigrante

Mi padre, Juan Bautista Gerbasi, cuya vida es el motivo de este poema,
nació en una aldea viñatera de Italia, a orillas del Mar Tirreno, y murió en Canoabo, pequeño pueblo
venezolano escondido en una agreste comarca del Estado Carabobo.

I

Venimos de la noche y hacia la noche vamos.
Atrás queda la tierra envuelta en sus vapores,
donde vive el almendro, el niño y el leopardo.
Atrás quedan los días, con lagos, nieves, renos,
con volcanes adustos, con selvas hechizadas
donde moran las sombras azules del espanto.
Atrás quedan las tumbas al pie de los cipreses,
solos en la tristeza de lejanas estrellas.
Atrás quedan las glorias como antorchas que apagan
ráfagas seculares.
Atrás quedan las puertas quejándose en el viento.
Atrás queda la angustia con espejos celestes.
Atrás el tiempo queda como drama en el hombre:
engendrador de vida, engendrador de muerte.
El tiempo que levanta y desgasta columnas,
y murmura en las olas milenarias del mar.
Atrás queda la luz bañando las montañas,
los parques de los niños y los blancos altares.
Pero también la noche con ciudades dolientes,
la noche cotidiana, la que no es noche aún,
sino descanso breve que tiembla en las luciérnagas
o pasa por las almas con golpes de agonía.
La noche que desciende de nuevo hacia la luz,
despertando las flores en valles taciturnos,
refrescando el regazo del agua en las montañas,
lanzando los caballos hacia azules riberas,
mientras la eternidad, entre luces de oro,
avanza silenciosa por prados siderales.

XII

Siempre te encuentro, oigo tu voz,
en mi hora más secreta, cuando refulgen las gemas del alma,
como heridas para la luz de los sentidos,
cuando el tiempo me convoca a los acordes del día,
y enciende en torno a mi ser flores silvestres;
cuando la noche viene impulsando colores densos por el cielo,
como batallas del paraíso o anunciaciones sagradas;
cuando el campo se lamenta en sus animales;
cuando la madre llora y sobre su cabeza
la noche derrama su pesadumbre y el querer estar a solas;
cuando siento entrar por la ventana,
a la quieta soledad de la tristeza,
el aire de los árboles cercanos.
Tu vida y tu muerte, tuyas para siempre,
como es para sí el niño que se ahoga en un pozo perdido,
en mí se juntan y me difunden en la tierra,
en ese instante que se detiene iluminando la memoria,
igual al relámpago que enciende un horizonte sagrado,
en el momento en que el día y la noche se juntan,
plenos de profundidades de lo eterno,
en una densa agitación de oscuros caballos celestes
que se agigantan para el engendro de un poderoso enigma,
sobre las montañas, sobre las ciudades
y las frentes pensativas.
Padre de mi soledad.
Y de mi poesía.

La casa de mi infancia

Por la arena de la noche galopaba un jinete sin cabeza.
Al fondo una iglesia blanca
y más lejos la colina del calvario donde duermen los mendigos.
Veía correr un río de apretujados conejos blancos en la sombra.
Oía el viento de los fuegos fatuos,
el rumor de las calaveras en los rincones de los cactos,
voces oscuras reunidas en los corredores.
En mi aposento ardía una lámpara de aceite al pie de un Cristo ensangrentado
Colgaban murciélagos del techo,
sombras con alas de murciélagos, rumores de cielo raso,
lentos rumores de espesa tela nocturna.
Yo veía con los ojos de la sombra,
con los ojos de las hojas,
con los ojos de las grandes rocas frías de la noche.
El Tirano Aguirre lanzaba bolas de fuego
en la comarca de los toros salvajes,
en las plantaciones de tabaco,
entre los espantapájaros con sombreros de paja.
Mis hermanas habían dejado una tijera abierta en el patio de la casa
para que las brujas cayeran entre los tulipanes,
bajo los naranjos, donde los relámpagos iluminan vitrales de llanto.
Mi aldea estaba sola en la noche,
mi casa estaba sola en medio de los tamarindos y las palmas,
y el jinete sin cabeza galopaba hacia el fondo,
hacia los juncales del río,
donde las primeras lumbres se dispersan en los grillos.
Las casas comenzaban a salir de la sombra,
de las casas comenzaban a salir los ancianos.
Había un mendigo dormido de perfil,
con barba de nube en el aire de la aurora.

En el fondo forestal del día

El acto simple de la araña que teje una estrella en la penumbra,
el paso elástico del gato hacia la mariposa,
la mano que resbala por la espalda tibia del caballo,
el olor sideral de la flor del café,
el sabor azul de la vainilla,
me detienen en el fondo del día.

Hay un resplandor cóncavo de helechos,
una resonancia de insectos,
una presencia cambiante del agua en los rincones pétreos.

Reconozco aquí mi edad hecha de sonidos silvestres,
de lumbre de orquídea,
de cálido espacio forestal,
donde el pájaro carpintero hace sonar el tiempo.

Aquí el atardecer inventa una roja pedrería,
una constelación de luciérnagas,
una caída de hojas lúcidas hacia los sentidos,
hacia el fondo del día,
donde se encantan mis huesos agrestes.

Soledad marina

La arena dispersa cangrejos
en una luz de aceite caliente,
de humedad que resplandece en los sentidos
con olor de ostras abiertas.

¿Quién abandonó esta quietud de cocoteros
que mueve un sonido de tiempo sombrío
y sostiene el vuelo de las aves blancas?

Lejos las costas de la tarde,
el ocre cayendo al mar,
y aquí la lentitud de las algas golpeando los escollos,
el silencio de los que tejen redes en la bahía vespertina.

¿Estuve aquí en la noche?
¿Acaso vi las primeras estrellas,
las que ahora seca el sol sobre la arena?

¿Vi llegar los leños pulidos como huesos,
los gritos de antiguos ahogados refugiándose en las grutas,
las madres muertas de los marineros
mirando los confines entre sus largos cabellos nocturnos?

He aquí un día de los siglos.
Las palabras abiertas en la mirada.
El sol cayendo entre los peces.

¿Quién me pregunta si existo?
Hay una barca abandonada a orillas del mes de agosto.

Los asombros puros

Menciono el alba con mi perro
que, en el patio de la casa,
perseguía mariposas tornasoladas, rojas, azules,
como alucinaciones.
Pero las mariposas negras
permanecían prendidas a los techos,
inmóviles por muchos días,
hasta el advenimiento de las lluvias.
Había entonces oscuridad en mi corazón,
y veía las puertas viejas,
las escoriaciones de los muros,
y en las revistas que leía mi padre,
veía relámpagos sobre ovejas
desbandadas entre rocas.
Eran viejas historias de lejanas tierras de olivares.
Ah, pero en la renegrida cocina se encendía la leña
y se enrojecían en las paredes los brillantes grumos de hollín.
El gato miraba algo, allá, entre los crisantemos,
fijamente, hasta que un trueno oscurecía las montañas.
Así mi edad reconocía las tinieblas.

Los huesos de mi padre

Los huesos de mi padre se perdieron
en el osario común
de Canoabo. Valle de grandes hojas lluviosas,
de insectos que vuelan como abanicos
y montañas que le dan vuelta al día
y a la noche de los astros.
Los huesos de mi padre
se perdieron en el osario del Universo,
entre las piedras preciosas de Dios
vistas desde la selva mágica
hasta la aurora
que reinventa todos los colores
y el vuelo de las aves
abriendo sus ojos
en el sueño del paraíso.
Los huesos de mi padre suenan
con su color marfil
y se van pareciendo a mis propios huesos
hechos de silencio eterno.

Eugenio Montejo
1938

Nació en Caracas, en 1938.
Se graduó en derecho y luego
realizó en París cursos
de sociología del arte.
Fue uno de los fundadores
y principales integrantes
del grupo que desde 1971
edita la revista *Poesía*, ha sido
Director Literario de Monte Ávila y Consejero
para Asuntos Culturales de la Embajada de
Venezuela en Portugal. Ha residido en Londres,
Buenos Aires y Lisboa, y actualmente vive
en Caracas.

Es autor de dos colecciones de ensayos:
La ventana oblicua y *El taller blanco*, así como
de tres volúmenes de escritura heteronímica:
El cuaderno de Blas Coll, Guitarra de horizonte,
firmado Sergio Sandoval, y *El hacha de seda*
de Tomás Linden.

Obra poética:
Élegos (1967)
Muerte y memoria (1972)
Algunas palabras (1976)
Terredad (1978)
Trópico absoluto (1982)
Alfabeto del mundo (1986)
Adiós al siglo XX (1997)

Orfeo

Orfeo, lo que de él queda (si queda),
lo que aún puede cantar en la tierra,
¿a qué piedra, a cuál animal enternece?
Orfeo en la noche, en esta noche
(su lira, su grabador, su cassette),
¿para quién mira, ausculta las estrellas?
Orfeo, lo que en él sueña (si sueña),
la palabra de tanto destino,
¿quién la recibe ahora de rodillas?

Solo, con su perfil en mármol, pasa
por nuestro siglo tronchado y derruido
bajo la estatua rota de una fábula.
Viene a cantar (si canta) a nuestra puerta,
ante todas las puertas. Aquí se queda,
aquí planta su casa y paga su condena
porque nosotros somos el Infierno.

Islandia

Islandia y lo lejos que nos queda,
con sus brumas heladas y sus fiordos
donde se hablan dialectos de hielo.

Islandia tan próxima del polo,
purificada por las noches
en que amamantan las ballenas.

Islandia dibujada en mi cuaderno,
la ilusión y la pena (o viceversa).

¿Habrá algo más fatal que este deseo
de irme a Islandia y recitar sus sagas,
de recorrer sus nieblas?

Es este sol de mi país
que tanto quema
el que me hace soñar con sus inviernos.
Esta contradicción ecuatorial
de buscar una nieve
que preserve en el fondo su calor,
que no borre las hojas de los cedros.

Nunca iré a Islandia. Está muy lejos.
A muchos grados bajo cero.
Voy a plegar el mapa para acercarla.
Voy a cubrir sus fiordos con bosques de palmeras.

Vuelve a tus dioses profundos

Vuelve a tus dioses profundos;
están intactos,
están al fondo con sus llamas esperando;
ningún soplo del tiempo los apaga.
Los silenciosos dioses prácticos
ocultos en la porosidad de las cosas.
Has rodado en el mundo más que ningún guijarro;
perdiste tu nombre, tu ciudad,
asido a visiones fragmentarias;
de tantas horas ¿qué retienes?
La música de ser es disonante
pero la vida continúa
y ciertos acordes prevalecen.
La tierra es redonda por deseo
de tanto gravitar;
la tierra redondeará todas las cosas
cada una a su término.
De tantos viajes por el mar,
de tantas noches al pie de tu lámpara,
sólo estas voces te circundan;
descifra en ellas el eco de tus dioses;
están intactos,
están cruzando mudos con sus ojos de peces
al fondo de tu sangre.

Güigüe 1918

Ésta es la tierra de los míos, que duermen, que no duermen,
largo valle de cañas frente a un lago,
con campanas cubiertas de siglos y polvo
que repiten de noche los gallos fantasmas.
Estoy a veinte años de mi vida,
no voy a nacer ahora que hay peste en el pueblo,
las carretas se cargan de cuerpos y parten;
son pocas las zanjas abiertas;
las campanas cansadas de doblar
bajan y cavan.
Puedo aguantar, voy a nacer muy lejos de este lago,
de sus miasmas;
mi padre partirá con los que queden,
lo esperaré más adelante.
Ahora soy esta luz que duerme, que no duerme;
atisbo por el hueco de los muros;
los caballos se atascan en fango y prosiguen;
miro la tinta que anota los nombres,
la caligrafía salvaje que imita los pastos.

La peste pasará. Los libros en el tiempo amarillo
seguirán tras las hojas de los árboles.
Palpo el temblor de llamas en las velas
cuando las procesiones recorren las calles.
No he de nacer aquí,
hay cruces de zábila en la puertas
que no quieren que nazca;
queda mucho dolor en las casas de barro.
Puedo aguardar, estoy a veinte años de mi vida,
soy el futuro que duerme, que no duerme;
la peste me privará de voces que son mías,
tendré que reinventar cada ademán, cada palabra.
Ahora soy esta luz al fondo de sus ojos;
ya naceré después, llevo escrita mi fecha;
estoy aquí con ellos hasta que se despidan;
sin que puedan mirarme me detengo:
quiero cerrarles suavemente los párpados.

Manoa

No vi a Manoa, no hallé sus torres en el aire,
ningún indicio de sus piedras.

Seguí el cortejo de sombras ilusorias
que dibujaban sus mapas.
Crucé el río de los tigres
y el hervor del silencio en los pantanos.
Nada vi parecido a Manoa
ni a su leyenda.

Anduve absorto detrás del arco iris
que se curva hacia el sur y no se alcanza.
Manoa no estaba allí, quedaba a leguas de esos mundos
—siempre más lejos.

Ya fatigado de buscarla me detengo,
¿qué me importa el hallazgo de sus torres?
Manoa no fue cantada como Troya
ni cayó en sitio
ni grabó sus paredes con hexámetros.
Manoa no es un lugar
sino un sentimiento.
A veces en un rostro, un paisaje, una calle
su sol de pronto resplandece.
Toda mujer que amamos se vuelve Manoa
sin darnos cuenta.
Manoa es la otra luz del horizonte,
quien sueña puede divisarla, va en camino,
pero quien ama ya llegó, ya vive en ella.

Alfabeto del mundo

En vano me demoro deletreando
el alfabeto del mundo.
Leo en las piedras un oscuro sollozo,
ecos ahogados en torres y edificios,
indago la tierra por el tacto
llena de ríos, paisajes y colores,
pero al copiarlos siempre me equivoco.
Necesito escribir ciñéndome a una raya
sobre el libro del horizonte.
Dibujar el milagro de esos días
que flotan envueltos en la luz
y se desprenden en cantos de pájaros.
Cuando en la calle los hombres que deambulan
de su rencor a su fatiga, cavilando,
se me revelan más que nunca inocentes.
Cuando el tahur, el pícaro, la adúltera,
los mártires del oro o del amor
son sólo signos que no he leído bien,
que aún no logro anotar en mi cuaderno.
Cuánto quisiera al menos un instante
que esta plana febril de poesía
grabe en su transparencia cada letra:
la o del ladrón, la t del santo
el gótico diptongo del cuerpo y su deseo,
con la misma escritura del mar en las arenas,
la misma cósmica piedad
que la vida despliega ante mis ojos.

Mi amor

En otro cuerpo va mi amor por esta calle,
siento sus pasos debajo de la lluvia,
caminando, soñando, como en mí hace ya tiempo...
Hay ecos de mi voz en sus susurros,
puedo reconocerlos.
Tiene ahora una edad que era la mía,
una lámpara que se enciende al encontrarnos.
Mi amor que se embellece con el mal de las horas,
mi amor en la terraza de un café
con un hibisco blanco entre las manos,
vestida a la usanza del nuevo milenio.
Mi amor que seguirá cuando me vaya,
con otra risa y otros ojos,
como una llama que dio un salto entre dos velas
y se quedó alumbrando el azul de la tierra.

24 poetas latinoamericanos
se terminó de imprimir
en octubre de 1997,
en los talleres de
X Pert Press, S. A. de C. V.
Oaxaca No. 1, Col. San Jerónimo Aculco,
Delegación Magdalena Contreras,
10700 México, D. F.
El tiraje fue de 19000 ejemplares.